グローバルに学ぶ入門書

# 移民をどう考えるか

著　カリド・コーザー

監訳　是川夕

訳　平井和也

keiso shobo

# International Migration

**: A Very Short Introduction, Second Edition**

## by Khalid Koser

目次

本文内の〔　〕は監訳者による補足である。

# 第1章
# なぜ移民が問題なのか

本書の初版が〔二〇〇七年に〕出版されて以来、国際移民の重要性は増すばかりだ。国際移民の数は〔それから原著第二版が刊行された二〇一六年までの間に〕二〇パーセント増加し、非正規移民の数はおそらくもっと増えているものと思われる。また、世界の難民の数は同期間に倍増した。移民の本国への送金額はかつてないほど増えており、現在、国連は国際送金を開発と貧困削減に対する最も重要な貢献の一つとして認めている。移民が定住国で新しい富を生み出し続けている一方で、彼らの社会的統合[訳注1]という課題も深刻な問題となっている。人道危機や自然災害が増加し、また多くの国で排外主義と反移民感情が高まった結果、移民が政治的なアジェンダ（議題）の上位に上

訳注1　社会的統合とは、移民の経済的・社会的な平等が実現され、労働市場や社会生活への参加が可能とされ、かつ文化的差異を理由とする排除や隔離がなされないこと。

がっている。また、このように移民は世界的な現象である一方、近年、とりわけオーストラリアとヨーロッパで注目されている。

第二版となる本書は多くの点でアップデートされており、移民に関する最新のデータを盛り込んでいる。本書は移民問題について、最も興味深く、そして関連性の強い、新しい研究内容のいくつかを紹介すると同時に、世界金融危機やアラブの春、シリア紛争、エボラ危機、イラク・レバントのイスラム国（ISIL）訳注2の台頭といった、移民のパターンやプロセスに影響を及ぼした近年のグローバルな出来事を取り上げている。

しかし、本書の三つの基本原則は初版から一貫しており、しかも過去十年間に起こった変化によってその重要性は増している。第一に、移民に関する定義と概念を明確にし、最新のエビデンス（証拠）を示すことによって、移民に関するさまざまな議論について情報を提供するよう努めることが重要だということだ。つまり、移民とは誰のことなのか、庇護希求者と難民の違いとは何か、移民の数をどうやって数えるのか、移民はあまりに多すぎると言えるのか、といった議論がそれである。

第二に、グローバルな視点がきわめて重要だ。世界の難民のほとんどは貧しい国に住んでいる。南から北へ移動する移民だけでなく、南半球の国々を移動する移民も数多くいる。ヨーロッパやオーストラリアに住んでいる人たちは、世界の他の地域の人々も、流入する移民の規模の拡大や、それによって生じる課題により大きく直面していることをいとも簡単に忘れがちだ。大部分の移民が世界のメディアに無視されているのである。

第三に、移民に関するバランスのとれた視点が必要だ。移民に対するアプローチはますます二極化し、より厳しく、より議論の余地のないものになっている。おおざっぱな話も多い。しかし、本書は初版と同様に、客観的な視点を提示することに努めた。移民は概してポジティブ（良い）ものだが、時にネガティブ（悪い）な結果を招くこともある。大抵の移民は高い勤労意欲を持っているが、中にはちょっとずるをしたいと思う移民もいるだろう。ある特定の状況下では、移民はリスクを生む可能性を秘めているが、むしろ潜在的には良い結果をもたらす可能性のほうが高い。移民の命や権利が、諸国家の安全よりも危険にさらされていることも多いが、必ずしもいつもそうだというわけでもない。

## 国際移民の歴史の概略

移民の歴史は、人類の起源、つまり原人（ホモ・エレクトゥス）と現生人類（ホモ・サピエンス）が紀元前約一五〇万年から五〇〇〇年の間に東部アフリカ大地溝帯から最初はヨーロッパへ、そして後に他の大陸へと広がっていったことに端を発している。古代の世界においても、ギリシャの植民地建設とローマ帝国の拡張は人々の移住に依存していたし、ヨーロッパ以外の地域でも、大

訳注２　二〇一四年六月二九日、「イスラム国」への名称変更を宣言。

規模な人の移動がメソポタミア、インカ、インダス、周（中国）の各帝国の成立や繁栄と関連していた。人類の歴史の始めに見られたその他の重要な人口移動には、バイキングや聖地を目指す十字軍戦士のそれが含まれている。

移民の歴史家であるロビン・コーエンによると、近年になっても大規模な移住の時代やそれに関連する出来事を見ることができるという。おそらく十八世紀から十九世紀にかけて見られた移民に関する最も大きな出来事は、奴隷の強制的な移住だろう。推定一二〇〇万人の人々が主に西アフリカから新世界〔アメリカ大陸〕に強制的に移住させられ、さらにこれよりは数は少ないものの、インド洋と地中海を渡って移住を強いられた人たちもいる。規模以外の面でも、この出来事が非常に重要な意味を持っている理由の一つとして、それが今でも奴隷の子孫、とりわけアフリカ系アメリカ人の間でその痕跡が残っているということが挙げられる。この奴隷制が崩壊した後には、ヨーロッパ列強の植民地プランテーション（大農園）経営を続けるために数多くの年季奉公労働者が、中国、インド、日本から――インドだけからでも一五〇〇万人にのぼる――ほかの土地に移住している。

ヨーロッパ諸国の勢力の拡大は、ヨーロッパからの自発的移住、とりわけ植民地、領地、および南北アメリカへの大規模な移住を引き起こした。イギリス、オランダ、スペイン、フランスといった重商主義国はいずれも労働者や小作農民、反体制派の兵士、罪人、孤児だけでなく、あらゆる種類の自国民の国外への定住を推し進めた。こうしたヨーロッパの勢力拡大に伴う移住は、十九世紀末に始まった反植民地運動の高まりと共に大部分が終わりを迎え、実際、それから約五〇年の間に、フランスに帰還するいわゆるピエ・ノワール[訳注3]のような、ヨーロッパへ帰還する人々の大規模な逆流現象が起こった。

その後見られた国際移住が活発な時代は、アメリカ合衆国の工業国としての台頭によって特徴づけられるものであった。アイルランドの飢饉を逃れようという人々は言うまでもなく、北欧、南欧および東欧の経済的後進地域や抑圧的な政治体制から逃れようとする何百万人もの労働者たちが、一八五〇年代から一九三〇年代の大恐慌時代にかけてアメリカに移住したのだった。実際、約一二〇〇万人もの移民がニューヨーク港のエリス島に上陸して、入国審査を受けた。

さらに第二次世界大戦後には、新たな大規模な移民の動きがあった。この時代には、ヨーロッパ、北米、オーストラリアを中心に戦後の好景気を支えるための労働力が必要とされていた。この時代、多くのトルコ人が移住労働者としてドイツに移住したし、たとえばフランスやベルギーには北アフリカの人々が移住した。また、同時期に、約百万人のイギリス人がいわゆる「十ポンドの新入植者」[訳注4]としてオーストラリアに移住した。世界の他の地域では脱植民地主義がこうした動向に影響を

**訳注3**　ピエ・ノワールとは、一八三〇年のフランス侵攻から一九六二年のアルジェリア戦争終結に伴うアルジェリア独立までのフランス領アルジェリアで生まれたヨーロッパ人のこと。『ピエ・ノワール列伝』（大嶋えり子著、パブリブ刊）では、チュニジアとモロッコで生まれたヨーロッパ人も含めている。

**訳注4**　十ポンドの新入植者とは、第二次世界大戦後にオーストラリア政府とニュージーランド政府が実施した移民計画に基づいてオーストラリアとニュージーランドに移住したイギリス人を表わす口語表現。通行料として十ポンド払えば、政府補助によるチャーター船とチャーター機でオーストラリアを含めた英連邦諸国へ移住できたことから、十ポンドの新入植者と呼ばれた。

与えており、その中でも、一九四七年のインドの分離独立とイスラエル建国後のユダヤ人とパレスチナ人の分離の結果起こった数百万人規模のヒンドゥー教徒とイスラム教徒の移動が最も顕著なものであった。

一九七〇年代までには、ヨーロッパでは国際的な移住労働の活況は終わりを告げたものの、アメリカではこれが一九九〇年代の初めまで続いた。世界経済の牽引役は、移住労働者が依然として増加しているアジアに明らかに移行し始めた。本書で後述する通り、庇護希求者、難民、非正規移民の動きも、先進国において過去二〇年間で重要性を増している。

近年の歴史における国際移民についていくつかの事例を見てきたのは、単に国際移民が新しい現象ではないことをはっきりさせるということにとどまらず、本書で繰り返し論じるテーマを明確に示すためでもある。移民は、革命や戦争、帝国の興亡といった重要なグローバルな出来事と関係がある。つまり、景気の拡大や国家の建国、政治的な転換などの重要な変化と強く関連づけられ、また、紛争や迫害、土地の収奪などの重要な問題とも関係している。移住は歴史上重要な問題であり、今日でもその重要性は変わっていない。

## 国際移民の諸相と力学

国連は国際移民を、居住国から少なくとも一年間離れて暮らす人と定義している。この定義によって、国連は二〇一三年の世界の国際移民の数は推定約二億三二〇〇万人だったと発表している。この移民の数は、人口第四位のインドネシアに相当する。今日、世界人口で三五人に一人が国際移民だ。

これは言い換えると、国際移民は今日の世界人口のわずか三パーセントにすぎないということになるが、移民は、移住する当事者よりもはるかに多くの人々に影響を及ぼしており、国内外で重要な社会的、経済的、政治的な影響を与えている。

影響力のある書籍『国際移民の時代（*The Age of Migration*）』の共著者であるスティーブン・キャッスルズ、ハイン・デ・ハイス、マーク・ミラーは、次のように述べている。

　今日、先進国でも発展途上国でも、移民とその影響に関する個人的な経験を持っていない人などほとんどありえない。この普遍的な経験こそ、国際移民の時代の特徴だ。

一九九〇年から二〇一三年の間に、世界の国際移民の数は五〇パーセント増に当たる七七〇〇万人増加した。二〇一三年時点で、先進国に住む移民は約一億三五〇〇万人で、発展途上国では九五〇〇万人だった。〔地域別に見れば〕ヨーロッパに約七二〇〇万人、アジアに七〇〇〇万人、北米に五三〇〇万人、アフリカに一八〇〇万人、中南米とオーストラリアに約八〇〇万人の移民がいた。二〇〇〇年の時点では、世界の移民の約二〇パーセントに当たる四六〇〇万人がアメリカに住んで

写真１　アメリカとメキシコの国境。世界で最も頻繁に人々が行き来する国際的な国境であり、毎年、約３億5000万人がその国境を越えて移動している（© Royalty Free/Corbis）。

**写真2　地中海を渡る移民を乗せたボート**（Rowan Griffiths/Daily Mirror/PA Wire/Press Association Images）

いた（写真1を参照）。二〇〇〇年にはロシアは世界で二番目に重要な移民受け入れ国で、約一一〇〇万人を受け入れており、それに続いてドイツ、サウジアラビア、アラブ首長国連邦、イギリスがそれぞれ八〇〇万人から一〇〇〇万人の移民を受け入れていた。

移民の数が最も多い国がどこなのかを特定することは非常に難しく、その主な理由として、移民の送り出し国が国外在住の自国民の数を追跡調査していないことが挙げられる。ただ、推定では、少なくとも三五〇〇万人の中国人が現在、国外に在住しており、ほかにも二〇〇〇万人のインド人、八〇〇万人のフィリピン人が国外に居住しているとされている。

この事実と数字は、国際移民が今日、世界各地に影響を与えているという衝撃的なメッセージを発している。また、国際移民の中で、「南」から「北」へ移動する人の割合が増えていることも重要だ。実際、第3章で説明するように、人々がより貧しい国を出て、より豊かな国を目指す強い理由があるのである（写真2を参照）。また同時に、複数の地域の内部で依然として見られる重要な移動を無視してはいけない。二〇一三年の大多数の移民は、主要な地域間ではなく、主要な地域の内部で起こっていたのだ。アフリカに住む大多数の国際移民（八二パーセント）とアジアに住む国際移民（七六パーセント）は、その地域で生まれた人たちだ。第6章で示すように、先進国よりも発展途上国にいる難民の数がはるかに多い。同様に、たとえば、毎年ヨーロッパ大陸からイギリスにやって来るヨーロッパ人の数は、ヨーロッパ以外の地域からやってくる人々の数を上回っており、そのヨーロッパ人の多くは、国外で一定期間働いて帰国するイギリス国民だ。

国際移民のさまざまな側面や、地理的な分布の変化に加えて、その初期と比較して、移住のパターンとプロセスに重要な変化が起こっていることを示す少なくとも三つの傾向がある。第一に、移民に占める女性の割合が急激に上昇している。二〇一三年には、世界の移民のほぼ半数が女性だった。国外にいる配偶者と一緒に暮らすためというのが、女性が移住する伝統的な目的だったが、さらに今日では自立して国外に移住する女性の割合が増している。そうした人たちは、本国に残した家族にとって一家の主要な稼ぎ頭であることが多い。

世界の移民において女性の割合が高まっているのには、多くの理由がある。その一つは、とくに先進国で外国人労働者が必要とされる場合、サービス業、医療、娯楽といった女性によって典型的に占められる職種が好まれる中で、ジェンダー選別的な傾向が強くなっているためだ。第二の理由は、移民の家族再結合（呼び寄せ）の権利を拡大する国が増加しており、移民が配偶者や子どもと一緒に暮らすことを認める動きが出てきていることだ。この場合の配偶者は女性であることが非常に多い。送り出し国の中にはこれまでのジェンダー関係が変化している国もあり、以前よりも女性が自らの意志で移住することができるようになったこともある。最後に、これはとくにアジアに当てはまることだが、家事のために女性が移住するケース（時に「メイド貿易」と呼ばれる）、結婚のために組織だって移住するケース（時に「メールオーダー（通信販売）の花嫁」と呼ばれる）、女性が性産業に人身取引されるケースが増えている。

さらにもう一つの傾向として、出身国、通過国、移住先の伝統的な区別がぼやけてきていることが挙げられる。今日、世界のほぼすべての国がこの三つの役割を同時に果たしている。つまり、ほぼすべての国を移民は出国し、通過し、目的地とする。たぶん地中海ほどこの活発な動きをよく表わしている地域は世界にほかにない。約五〇年前には、北アフリカと南欧のすべての国が、より北にあるヨーロッパ諸国に主に就労目的で移民を送り出していた。約二〇年前に、南欧の景気が拡大する中で就労を目的に南欧へやってくる北アフリカの人々が増加し、また同時に、南欧の人々がもうこれ以上就労目的で北を目指す動機がほぼなくなったことから、南欧は他国への移民送り出し国から、他国から移民を受け入れる地域へと変わった。また、サハラ砂漠以南のアフリカ諸国からの移民が増加する中で、少なくとも「アラブの春」までには、北アフリカも移民送り出し国から通過国、そして移民受け入れ国へと変化し始めていた。大部分の移民は地中海を渡ろうと考えるが、その多くが長期間に渡って通過国にとどまっている。また、ヨーロッパに入域する者は大抵、許可なく入域している。現在、北アフリカ人自身が同地域から出ていく動きを見せており、同地域は移民の送り出し国、通過国、受け入れ国としての役割を同時に果たしている。

本節の最後に、過去数世紀の間に起こった主要な移住のほとんどは永住を目的とした移民だったが、今日では、一時的な移住のほうがはるかに重要な意味を持つようになったことを指摘しておきたい。人生のほとんどを国外で暮らした人でさえ、生まれた土地に戻りたいという夢を抱くことがしばしばあり、今では、他国に移住して、そこに終生暮らすというパターンは比較的珍しくなっている。さらに、一度ほかの土地に移住して、それから本国に帰還するという伝統的なパターンは、徐々に減ってきているようだ。一生のうちでしばしば他国または世界各地に何回も移住し、移住と移住の間の期間に出身国に戻るという人が増えている。国際的な渡航が以前と比べて格段に低価格で、またより利用しやすくなったため、長期間本国を離れている人でさえ、出身国に戻る頻度が増えている。

## 国際移民のもたらす好機

移住は人類の歴史の中で永続的かつ影響力のある特徴だ。移住は、世界経済の成長を支え、国家や社会の発展に寄与し、多くの文化や文明を豊かにしてきた。移民は、最もダイナミックで、起業家精神に富んだ人々、すなわち、リスクを負った上で本国を出て、自分自身と子どもたちのために新しいチャンスを作り出そうという人たちだ。たとえば、アメリカ合衆国の経済発展の歴史は、さまざまな点で移民の歴史だと言える。アンドリュー・カーネギー（鉄鋼王）、アドルファス・ブッシュ（ビール会社創業者）、サミュエル・ゴールドウィン（映画プロデューサー）、ヘレナ・ルビンスタイン（化粧品会社創業者）はいずれも移民だ。コダック、アトランティック・レコード、ＲＣＡ（米ラジオ会社）、ＮＢＣ、グーグル、インテル、ホットメール、サン・マイクロシステムズ、ヤフー、イーベイも、どれも創業者または共同創業者が移民だ。

現代の世界では、国際移民は、そう認知されないことが多いものの、国家的、地域的、地球的な問題において重要な役割を果たし続けている。多くの発展途上国においては、移民による本国への送金が、より豊かな国によって提供される公式の援助資金よりも重要な収入源となっている。また、一部の先進国では、経済の全分野と多くの公共サービスが移住労働者に著しく依存するようになっている。世界銀行の推定によると、世界全体の移住労働者が二〇兆米ドルを稼ぎ出しており、その大部分が移民の就労する国に投資されているという。最近の調査では、二〇〇〇年から二〇一一年の間にイギリスに渡ったヨーロッパ人移民が二〇〇億ポンド以上を公的財政にもたらしたということが明らかになっている。

移民と移住は経済成長に貢献するだけにとどまらず、実際、その影響はおそらく日々の生活のさまざまな社会的・文化的な領域において最も強く実感することができるだろう。民族的な背景が異なり、異なる言語を話し、習慣も宗教も生活様式も異なる世界中の人々が、かつてないほど互いに出会うようになっている。社会がそれを認めようとするか否かにかかわらず、今日、ほとんどの社会が少なくともある程度の多様性を特徴として持っている。ほんの過去二四時間の間にも、あなたはほぼ確実に、世界のどこか別の場所を起源とする食べ物を食べたり、音楽を聞いたり、または外国生まれの選手がいる一流のスポーツチームの試合を見たりしているはずだ。世界各地の人々や場所、文化がますます相互につながるようになることを可能にするダイナミックで革新的で、きわめて国際的な都市である香港やロンドン、ニューヨークなどの「グローバルシティ」に、移民が最も集中していることは偶然ではない。

## 国際移民のもたらす諸課題

しかし、同時に、今日、国際移民が重要な課題を突き付けていることを否定するのは、愚かなことだろう。たぶん最もよく議論の対象になるのが、移民と安全保障の関係だろう。とくに二〇〇一年の九・一一テロ以降、国際移民の動きとテロとの間に密接な関係があるという認識が広まった。この状況は、一部の移民の過激化と「外国人テロ戦闘員」の登場という新たな現象によって、最近ではさらに複雑化している。増えつつある非正規移民を、政治家と一般国民が、時に国家主権と公共の安全に対する脅威だとみなすことがある。多くの移住先の社会では、移民コミュニティの存在、その中でもとくに過激主義と暴力に関連のある地域出身で、なじみの薄い文化を持つ移民コミュニティに対する恐怖心が高まっている。

これは過小評価すべきでない正当な懸念であり、これについては第2章から第8章でもっと詳細に検討していく。また同時に、おそらく移民の定住先の国や現地社会に対して移民がもたらす課題に対して注目が集まりすぎる一方で、移民自身やその家族、移民が本国に残してきた人々や社会に関する課題には、十分な注意が払われていないという問題もあるだろう。

まず、多くの移民はほかに選択肢がなかったために国を追われたということを忘れるべきではない。今日、世界には二〇〇〇万人近くの難民がおり、彼らは迫害や死を恐れて出国を余儀なくされた人々なのだ。移民の旅が始まると、多くの人々（難民だけでなく）が途中で命を落とす。二〇一五年には、数千人が地中海を渡ろうとして亡くなった。また、目的地に到着した後に、搾取され、人権を侵害された移民もいる。これはとくに、しばしば性産業で見られるように、事実上の奴隷となる可能性のある人身取引の被害者に当てはまる。家事労働者も雇い主によって虐待され、暴力の被害に遭う可能性がある。より一般的には、多くの移民やその子どもが国外に定住して何年も経った後でも、差別や偏見にさらされている。国際移住は、それが移民先の社会に対してもたらす課題の場合と同じように、移民自身にも否定的な影響を及ぼすことから、重要な問題であるといえる。

移住は、移民が出国する本国社会に対しても、重要な意味を持っている。第4章で説明しているように、これはとくに、移民が本国で不足している技能を持っている場合に当てはまる話だ。いわゆる「頭脳流出」の影響が最も切実に感じられるのは医療分野においてであるが、それは教育分野においても重大な意味を持っている。頭脳流出は、貧しい国が基本的な社会サービスを提供するための能力を下げるだけでなく、人々の教育と訓練に対するその国の公共投資が、事実上、失われてしまうということを意味している。

## 国際移民に関するとても短いイントロダクション

本章で概説してきた通り、国際移民は多くの国で政治的なアジェンダ（議題）の上位に挙げられており、メディアでもかなり報道され、国民のより一般的な関心事となっている。しかし、移民に関する議論にはあまりにも不十分なことが多すぎる。関連する諸概念が不明確で、時に統計も（客観的な）情報を提供するよりも警戒心を煽るような意味で引用されることがある。また、移民のほんの一部の姿しか提示されないのが普通だ。全体的に、移民の本当の多様性と複雑性はしばしば無視されている。

このような問題を背景にして、本書では読者の皆さんに、今日の移民に関する重要な問題を理解してもらい、できれば理性的な議論に参加するのに必要な説明や分析、データを提供するよう努めた。二〇年以上移民とそれに関連した問題について教鞭を執り、研究してきた者として、私は当然、自分自身の視点と見解を持っている。しかし、私は、今日の移民をめぐる議論の全体像を提示するために、自分自身の視点と見解は表に出さないように努めた。同様に、本書は移民政策を中心的な関心事にはしていないが、政策上の含意に関するいくつかの評価を含んでいる。

調査、研究、政治的な議論にわたる幅広い領域を本書のようなコンパクトな一冊にまとめあげる作業には、必然的に選択という作業が必要になってくるものであり、著者が異なれば、同じような課題に対して、それぞれが異なる選択をするだろう。本書のタイトルが示しているように、本書が国境を越えた移住をテーマとしているということを第一に強調しておきたい。その主な理由は、国際移民は国内移民よりも研究や著述の対象とされる頻度がはるかに高く、また国内移民と比べて政治的な注目度もメディアの注目度もはるかに高く、公的にも議論の対象とされることが多いからだ。またそれと同時に、国際移民よりも国内移民のほうがはるかにその数が多いという点は認めておかなければならない。

私は、私自身の研究から導き出した「現実の」事例を利用することに努めた。このアプローチは、移民自身の経験に関する視点を得るための一つの手法だ。また、私は自身の限られた知識を補うために、当該分野の研究者が発表している研究結果を参照した。私は、たとえば、章ごとに世界の主要な各地域における移民について書くというのではなく、今日の国際移民において最も時事性があり、関連性が高い問題だと考えられるテーマで本書を構成している。また、これらの各問題について論じるためには、必然的に簡潔にならざるをえないので、本書の巻末に読者がもっと詳細な情報や研究成果を参照することができるように、文献案内を記しておいた。

# 第2章　移民とは誰のことなのか

「移民とは誰のことなのか?」という質問に対する答えは、一見簡単に思える。大部分の国は、一年以上自国外に住んでいる人、という国連の定義を採用しているが、現実を踏まえると答えはもっと複雑になる。第一に、「移民」という概念は、さまざまな状況に置かれたさまざまな人々を包含した概念だ。第二に、移民をカウントし、国外にいた期間を決定することは非常に難しい。第三に、いつ移民になったのかを定義することと同じくらい、いつ移民でなくなったのかを定義することは重要だ。移民でなくなるという場合、本国に帰還するという場合もあれば、新しい国の市民になるという場合もあり、このような移行に関する手続きは多岐にわたる。最後に、現在ではグローバリゼーションの結果、トランスナショナルコミュニティやディアスポラ（国外離散）といった新たな特徴を持った新しいタイプの移民もある。

## 移民の分類

国際移民に関する通常の分類には、三つの主な方法がある。その中でも、とくに一般的なのが、「自発的な」移民と「強制的」移民の区別だ。後者は、紛争や迫害、また干ばつや飢饉などの環境的な理由で自国を出国せざるをえない人々を指す言葉だ。このような人々は通常、難民と呼ばれているが、第6章で詳述するように、実際のところ、難民という言葉にはきわめて特定された意味があり、必ずしもすべての強制的移民を指すというわけではない。

しばしば用いられる第二の区別は、政治的な理由で移住する人々と経済的な理由で移住する人々の区別だ。前者は通常、難民、つまり、政治的な迫害や紛争によって国外に出国せざるをえない人々を指している。後者は通常、労働移民という言葉で呼ばれており、就労、または雇用機会やより良い労働条件を求めて移民する人々を指している。このような人々は、さらに単純労働者と高度技能移民（「Ｂｏｘ１」を参照）に分類されることが多い。経済的な理由での移民と政治的な理由での移民の中間に分類されるのが、主に社会的な理由と考えられる理由での移民だ。その中でも最も一般的なのは、女性や子どもが夫や父親と一緒に暮らすために移住したり、家族の再会を通しても移民したりするというパターンだ。社会的な移民にはほかにも、恋愛や結婚のための移民も含まれている。最後の主な区分は、合法移民と不法移民の区別だが、移民を表わす場合、「非正規

**Box 1　高度技能（ハイスキル）移民**

主に経済的な理由で増えている移民は現在、高度技能（ハイスキル）移民として分類されている。高度技能移民の受け入れは、申請者の教育や資格に応じて点数を付与する選択的な査証制度によって取り扱われるケースが多い。高度技能移民にはとくにICT（企業内転勤）労働許可と呼ばれる区分があり、これは、同じ企業内での国際的な移動を表わしている。世界的には国際的に重要な移動として学生の移動もあり、彼らも高度技能移民に分類されることが多い。全世界で限られた高度技能移民を獲得しようという国家間の競争も激化しており、その主な理由として、高度技能移民がイノベーションやその専門技術によって経済成長に大きく貢献しうるということが挙げられる。

移民」という言葉のほうが、「不法」という言葉よりもおそらく正確で、軽蔑的な意味合いが薄い言葉と言えるだろう（第5章を参照）。「非正規移民」という概念にはさまざまな人々が含まれるが、主に（パスポートやビザなどの）書類を所持しない場合や偽造文書での移民、または合法的に他国に入国しながらも、ビザや就労許可が切れた後も滞在を続けるという場合を示している。世界中の非正規移民の例をもれなく列挙することはいずれにせよ不可能なことだが、それでも確かなのは、非正規移民に比べたら正規移民の数のほうがはるかに多いということだ。

分類は現実の状況を単純化するのが常であり、これは移民の分類についても、少なくとも三つの意味において当てはまる。第一に、異なる分類の間に重複する部分があるため、大部分の自主的な移民が経済移民でもあったり、多くの強制的移民が政治的な移民または難民でもあったりするのが現実だ。

第二に、各分類において移民を明確に区別しようとしても、実際にはもっと曖昧になってしまうことが多い。たとえば、移民を純粋に自主的及び強制的な移民というふうに分けることはほとんどない。実際、たとえば多くの大企業が、国際的な転勤を研修の一環と考えているため、社員は見かけ上は自主的に移動しているように見えるが、社員がその会社で雇われ続けようと思ったら、それ以外に選択肢がないのだ。一方、難民でも、本国を出国する以外の選択肢だってありえる。つまり、危険を冒して本国内にとどまることもできれば、近隣の村や町に移住することもでき、また紛争当事者のどちらかの側につくことだってできるのだ。

経済的な移民と政治的な移民についても、同じように曖昧な区別といえよう。たとえば、失業して本国を出るという場合、表面上は経済的な理由での出国となるが、民族や宗教、性別を理由とした失業ではどうなのか。この場合、政治的な理由での出国という議論も考えられるものであり、移住の根底にある〔間接的な〕原因とより直接的な原因の区別が、分析上の課題となる。

第三に、なんらかの分類に基づいたとして、個人がある移民の分類から別の分類へと実質的に「変化」するという可能性もありえる。たとえば、合法移民が就労許可期間を過ぎた場合には、非正規移民に分類されるようになる。また、自主的に本国を出国した人が、戦争が始まったり、政権交代が起こったりしたことによって、本国に戻ることができなくなり、実質的に強制的移民として国外滞在を余儀なくされることもありえる。

## 統計の意味とは？

「移民とは誰のことなのか？」という問題に答えるのが難しいもう一つの理由は、移民統計を作成するのが難しいからだ。ここでは、イギリスのいくつかの例を見てみるのと同時に、国によって移民の統計の取り方が違うという点についても考えてみたい。

イギリスの移民統計については、三つの非常に重要なポイントがある。第一に、公的な移民統計でさえも、イギリスにおける国際移民の全体像を完全には把握しきれていない。もっとはっきり言えば、政府でさえも、毎年どれだけの人々が入国・出国しているのか確信をもって断言することができないのだ。その最も明らかな理由として、公的な移民統計に非正規移民が含まれていないという点が挙げられる。イギリスにおける非正規移民に関する統計は、あくまで推計にすぎない。なお、非正規移民に関する統計については、第５章で詳しく見ていく。

第二に、政府が作成している移民統計については、重要な留保条件がある。イギリスへの入国とイギリスからの出国に関する移民統計で最も代表的なものが、港湾と空港で実施される小規模のサンプル調査である国際旅客調査（ＩＰＳ）だ。この調査では、旅客に対して、イギリスへの滞在または出国の意図について聞き取りが行われており、一年以上の入国・出国の予定がある者が移民としてカウントされる。ただ、ここで問題になるのが聞き取り対象者の範囲だ。つまり、実際に聞き取りの対象となる人たちはごくわずかで、その聞き取り結果から全体を推計しているのである。また、調査対象者の意図が変化するという問題もあり、滞在を続ける人もいれば、出国する人もいる。このような問題点を考慮して、ＩＰＳの数字は調整されている。

イギリスにおける移民の流れに関するその他の主要なデータソースは二つある。就労許可の発行は就労者の入国を計測するのだが、欧州経済領域（ＥＥＡ）外からの入国のみに限られている。というのも、就労許可はＥＥＡ加盟国の市民については義務づけられていないからだ。庇護者統計はイギリスでの保護申請者数を示しているが、被扶養者（配偶者と子ども）を含んでいることもあれば、含んでいない場合もあるため、その解釈には細心の注意が必要だ。イギリスに入国する移民に関する別の指標には、労働力調査（ＬＦＳ）があり、この調査では一年前の国籍と住所が記録されるが、世帯サンプルに基づいて行われている。国勢調査でも一年前の住所が記録されるが、国籍は記録されず、十年ごとの実施にとどまっている。

小さい島国ではあるが、世界で最も進んだ先進国の一つであるイギリスでさえこのような問題が見られるのだから、国境を監視するのに必要な技術や専門知識、能力を持たない貧しい国や、国境線が長い国、国境で突然大規模な人の移動が起こっている地域などでは、移民をカウントすることがいかに難しいかを想像してみてほしい。

## 帰還移民

本国への帰還は移民であることをやめる一つの方法だが、本国へ帰還した後も、外国への滞在中に身につけた新しい習慣やアイデンティティを維持することが多い。本国へ帰還する人々の規模に関する世界的な推計値はないが、大部分の専門家たちは、その影響は大きいと考えている。

本国への帰還に関するデータは、国際移民に関するデータの一般的な特徴をよりよく示している。その中でもとくに問題なのが、本国への帰還の計測は、出身国でも移民受け入れ国でも伝統的に優先事項とされてこなかったということである。というのも、国民の出国と非国民の入国がしばしば問題とされてきた一方で、移民を送り出す国も受け入れる国も、本国への帰還を一般的に問題と考えてこなかったからだ。どちらの国も同じ帰国の流れを記録したと主張している場合でも、その推計値には大きな違いがありえる。サセックス大学教授のラッセル・キングの本国への帰還に関する革新的な論考で紹介されている好例では、一九七〇年代のイタリアへの送還に関するドイツのデータは、ドイツからの本国への帰還に関するイタリアの統計を少なくとも二倍上回る数字となっている。このようなデータの食い違いは、ポーランドへの帰還移民に関する最近の例にも見られており、一九九〇年代のポーランドへの帰還移民は多かったものの、一九八〇年代の大部分のポーランド移民は移民として登録されないままに出国していたために、公的統計にはカウントされていなかったということがあった。同じことはトルコにも言える。トルコには、移住労働者の出国や帰国に関するデータを記録する制度がないため、帰国に関する推定値は移民受け入れ国で収集されたデータのみに依拠している。

## 移民から市民へ

移民でなくなるためのもう一つの方法は、移民が新しい国の市民になる〔帰化する〕というものだ。しかし、実際のところ、これは一部の国では比較的容易に迅速に行うことができるが、国によっては限られた少数の人々以外にとって、事実上不可能な場合もある。このような違いは、移民自身の属性というよりも、当事国の歴史やイデオロギー、国家構造に関係している。

市民権と国籍に関する法律は、血統主義と出生地主義という二つの異なる原則に基づいている。血統主義とは、市民になるためには、当該国の国民としての血統を引いていなければならないという考え方で、一方、出生地主義とは、当該国の領内で生まれていなければならないという考え方だ。ただ、実際には、すべての現代国家においては、この二つの原則を組み合わせて市民権に関するルールを運用しているものの（イスラエルは例外）、どちらか一方がより主流である傾向が強い（表1を参照）。たとえば、ドイツの場合、二〇〇〇年に政策を変更するまでは血統主義が主流だった。そのため、ドイツで生まれ育ったトルコ出身の戦後移民の子どもと孫は、伝統的にドイツ市民

**表1　選ばれた国々の市民権に関するルール**

| 国名 | 市民権に関する原則 | 帰化のための居住期間 | 二重国籍許可の可否 |
|---|---|---|---|
| オーストラリア | 血統主義と出生地主義の組み合わせ | 3年 | 可 |
| オーストリア | 血統主義 | 10年 | 否 |
| ベルギー | 血統主義と出生地主義の組み合わせ | 5年 | 可 |
| カナダ | 出生地主義 | 3年 | 可 |
| フランス | 血統主義 | 5年 | 可 |
| ドイツ | 血統主義（2000年まで） | 8年 | 否 |
| イスラエル | いかなるユダヤ人居住者にも開かれている | 0年 | 可 |
| オランダ | 血統主義 | 5年 | 可 |
| スウェーデン | 血統主義 | 5年 | 否 |
| イギリス | 血統主義と出生地主義の組み合わせ | 5年 | 可 |
| アメリカ | 出生地主義 | 5年 | 可 |

権から除外されてきた。一方で、〔一九九〇年の〕ドイツ再統一の際、何世代にもわたってドイツ国外、主に東欧または旧ソ連で家族で暮らしてきた人々は、そのまま自動的にドイツの市民権を付与されてきた。これとは対照的に、たとえば、オーストラリア、カナダ、イギリス、アメリカでは、概して出生地主義に基づいて、その国における合法移民のすべての子どもに対して、自動的にその国の市民権が付与されてきた。

市民権取得に関する原則がいかなるものであれ、大部分の国では、移民がある一定期間合法的に居住した後、帰化することを認めている。これは居住地主義と呼ばれており、一定の居住期間とされるものは、オーストラリアやカナダでは三年間だが、オーストリアやドイツでは八〜十年間となっており、国によって大きく異なっている。

　市民権の取得に関するルールが国によって異なっているだけでなく、市民権の基準にも違いがあり、たとえば二重国籍を認め、新しい国の市民になるための条件として移民に対して元の国籍を手放すことを義務としない国もあれば、そうではない国もある。以下の「移民、ディアスポラ、トランスナショナルコミュニティ」の節で見ていくように、二重国籍、場合によっては三重国籍が増加しているのは、一部の移民コミュニティでトランスナショナリズムが生まれている理由の一つとなっている。

　さらに、一部の国では、完全な市民権を取得するためには文化的同化を受け入れることが義務づけられているが、一方で、新たな市民が異なる文化的アイデンティティを維持することを認めている国もある。このような違いは、二つの相反する統合モデルによるものだ。一方には同化モデルがあり、このモデルにおいては、移民には固有の言語的、文化的、社会的特徴を放棄し、新しい社会の多数派コミュニティと区別がつかない状態になることが一方的に求められている。フランスはおおむねこのモデルを採用している。この同化モデルに代わる主なモデルが多文化主義で、このモデルでは、移民は、言語、文化、社会行動に関して現地社会の多数派から区別される独自の民族コミュニティを形成するとされる。オーストラリア、カナダ、オランダ、イギリス、アメリカはこのモデルに基づいたバリエーションを採用している。

　ただ、もちろんのことだが、統合に関する法律や政策には国によって違いがあり、実際の移民の経験にも違いがあるものの、その場合でも統合とは、移民が個人としても集団としても、社会に受け入れられるプロセスであると簡潔に定義することができる。国際的移住問題に関する世界委員会（GCIM）の定義では、統合とは、「社会の移民、非移民メンバーにお互いを尊重し、順応し合うことを求め、それによって積極的・平和的に交流することができる長期的・多元的なプロセス」だとされている。

## 移民、ディアスポラ、トランスナショナルコミュニティ

公式の制度や移民受け入れ国の社会が移民と非移民をどのように定義づけるかという問題と同じくらい重要なのが、移民自身のアイデンティティ意識であることは間違いない。過去数年の間に、この問題についてはおびただしい量の著作が出されており、とくにトランスナショナリズム訳注5とディアスポラ（国外離散）という二つのテーマが主な主題として取り上げられている。どちらの概念も複雑で、論争があるが、ここではできる限り簡潔な言葉で定義しておく。

ディアスポラという言葉は古典的な含意のある言葉で、通常は、紀元七〇年にエルサレムの第二神殿を破壊されたユダヤ人たちが世界各地に離散したことを表わすために使われてきた。近年になって再び日の目を見るまで、この言葉は、アフリカ人奴隷と、第一次世界大戦中および大戦直後の

訳注5　トランスナショナリズムとは移民のネットワークや活動が国境を越えて広がっていることを強調する概念。

オスマン帝国による大虐殺を逃れたアルメニア人に対しても、時に使われてきた。これらの事例に共通するのは、人々が大規模な強制退去によって本国に帰ることができない状態の中で、本国への帰還を強く願っていたことだ。

これらの特徴は程度の差こそあれ、近年の国際移住をめぐる動向にも見られ、ディアスポラという概念が再び用いられるようになってきた（「Ｂｏｘ２」を参照）。理論家ガブリエル・シェイファーは著書『国際政治における現代のディアスポラ（*Modern Diasporas in International Politics*）』の中で、「現代のディアスポラは、受け入れ国で居住・活動しながらも、出身国、つまり、母国との強い感情的・物理的なつながりを維持している移民からなるエスニック・マイノリティ集団によるものだ」と言っている。

これと関連性のある概念として「トランスナショナルコミュニティ」がある。これは、簡単に言えば、二つの国の「中間に」住む移民が出始めたということであり、これらの移民は、出身国の人々や特定の場との社会的、経済的、政治的な接触を、国境を越えた形で維持している。移民に関する研究で知られているプリンストン大学教授のアレハンドロ・ポルテスは、学術雑誌『国際移民レビュー（*International Migration Review*）』の中で、以下のように述べている。

（トランスナショナルコミュニティを構成するのは）移民が経済的な発展と社会的承認を求め政治的な境界をまたいで形成する濃密なネットワークである。このようなネットワークを通じ

### Box 2 「新たな」アフリカ人のディアスポラ

アフリカ人奴隷が、ディアスポラという概念が伝統的に適用される数少ない集団の一角を占めてきたことを考えると、近年のアフリカ移民たちが現在、自らとその存在を表わすためにこの概念を用いているというのは興味深い現象だ。ロンドンでさまざまなアフリカ人コミュニティの調査を行っている時、私が発した問いの一つが、なぜアフリカ移民たちがこの言葉を使っているのかというものだった。その結果、三つの理由が明らかになった。一つ目は、アフリカ移民たちの間で、「ディアスポラ」という言葉には現在、「移民」や「難民」、「庇護希求者」といった言葉と比べてネガティブな含意が薄いという認識が共有されているということだ。たぶん世界各地に離散したユダヤ人やアフリカ人奴隷を連想させる言葉として長い間使われてきた結果だろうと思われるが、「ディアスポラ」という言葉はまだ軽蔑的な意味合いで使われていない。二つ目の理由は、少なくとも一部のコミュニティでは、この言葉が「主体的な」意味合いを持っているようだということだ。彼らの間では、「グローバリゼーション」よりも、むしろ「ディアスポラ」という言葉のほうが流行りの言葉になりつつあり、一部のコミュニティでは、「ディアスポラ」という言葉が、自分たちが結びつけて考えられたい含みを持っているようなのだ。そして、三つ目の理由は、少なくとも一部のコミュニティでは、自分たちが経験したことは、ある意味では元の意味での「ディアスポラ」に匹敵するものだという感覚、つまり、彼らもまた、世界各地に離散したユダヤ人やアフリカ人奴隷と同じように被害者であるという感覚があるということだ。

て、二重生活を送ることができる人々が増えているのである。ネットワークの参加者には二つの言語を話すことができる人々が多く、異なる文化間を容易に移動したり、二つの国に住居を構えたりすることが多く、二国の両方での生活を前提とした経済的、政治的、文化的な利益を追求している。

こうした人々の存在は、移民や市民といった政治的な定義の境界線から逃れようとする動きを示唆している。『アジア太平洋における移住（*Migration in Asia-Pacific*）』（R・アイルデールなど編）の中で、スティーブン・キャッスルズは、トランスナショナリズムにおける市民権について、次のように述べている。

トランスナショナリズムが不可避的に招く結果として、多重国籍者の急増が挙げられる。これは、ナショナリストが最も恐れている現象、つまり、国家に対して情緒的ではなく、むしろ道具的な帰属意識を持つ人々が、国家への忠誠を分裂させる可能性があることを示す。トランスナショナリズムの増加は、長期的に見て、市民権の中身そのものについて考え直すことにつながる可能性がある。

# 第3章
# 移民とグローバリゼーション

グローバリゼーションという概念は複雑で、論争を伴うものだ。グローバリゼーションの有名な理論家であるデビッド・ヘルドは著書『グローバル・トランスフォーメーションズ』の中で、グローバリゼーションについて次のように定義している。「グローバリゼーションとは、社会的関係と社会的やりとりの空間的構成の変化を具現化する一つのプロセス（または一連のプロセス）と位置づけることができるかもしれない。この社会的関係と社会的やりとりは、その広がり、密度、速さ、影響という観点から評価され、大陸または地域横断的な活動の流れとネットワーク、相互作用、権力の行使を生み出す」。このようなプロセスの結果、すでに、国境を越えたモノやアイデア、情報、資本の流れが加速しており、グローバリゼーションによって、国境を越えたヒトの流れも加速している、と多くの識者たちは考えている。

国際移民はグローバリゼーションの重要な側面であり、世界の経済・社会構造の変化にますます組み込まれていく状況が生まれている。たとえば発展途上国の大部分が世界的な雇用危機の影響を受けているように、開発や人口動態、民主主義の格差が拡大している中で、移住の動機が強まっている。より豊かな国の労働市場が階層化される中で、移住労働者への需要が高まっている。通信革命によって格差に対する意識が高まり、移住を希望する人々にとってチャンスが増えていることに加え、輸送手段の変化によって、移動がより安価でより容易になっている。移住ネットワークが急速に広がったことが、さらなる移住を促す結果となっている。新たな権利の拡大によってある種の人々の越境が可能になり、外国への滞在もより容易になっている。また、移住産業の成長が、公的には移民が認められていない地域においてさえも、国際移住に拍車をかけている。本章では、移民がかつてないほど増えている理由とそれを可能にしている新しい手段について述べてみたい。

## 格差の拡大

国連開発計画（ＵＮＤＰ）によると、二〇一三年には世界人口の一五パーセントに当たる一二億人が貧困にあえいでおり、世界人口の一二パーセントに当たる八四二万人が慢性的な飢餓状態にあるとされていた。また、十億人以上が安全な水を利用することができず、二六億人が十分な衛生環境を与えられていなかった。全世界の約一億一五〇〇万人の子どもが基本的な初等教育さえ受けることができず、その大部分がサハラ砂漠以南のアフリカ諸国と南アジアに集中している。平均すると、アフリカ諸国とアラブ諸国では女子は男子と比べて受けることができる教育の期間が一年少なく、南アジアでは二年の格差があった。発展途上国全体では、女子の識字率は、男子の六八パーセントに対して、わずか五八パーセントにとどまっていた。

このような開発の遅れにさらに人口増加圧力が加わって、問題は悪化している。世界人口の八〇パーセントに当たる約五〇億人が現在、貧しい国か、または良くても中所得国で暮らしている。世界のもっと繁栄している国の多くで人口が減少している一方で、多くの貧しい国では人口が急増している。世界の人口増加のほぼすべてが現在、発展途上国で起こっている。今日のアフリカの〔出産可能年齢にある〕女性の平均出産人数が五・二人であるのに対して、ヨーロッパの女性の平均出産人数はわずか一・四人にとどまっている。このような傾向から、発展途上国への人口集中がさらに高まっていくことが予想される。このように発展途上国の出生率が高いため、途上国では先進国よりも若年層の人口比率がずっと大きい。

多くの貧しい国で民主的プロセスが不安定で、法の支配も弱く、腐敗が蔓延しているというのは、偶然ではない。人々は国際的に移住することによって、弱い経済と不安定な市場の影響、政治危機や武力紛争などのリスクから自身と家族を守ろうとしている。もはや政府には紛争の影響や迫害から彼らを守る力がないため、難民として国を出ることを余儀なくされるケースもある。最悪の場合には、政府自体がそのような犯罪を引き起こすこともある。

ただ、移住の原因となっているのが、必ずしも低開発、人口過剰、ガバナンスの不全にあるとは限らず、むしろ世界各地の間の格差にあるということを強調しておきたい。人々の所得を表わす時に最もよく使われる経済指標である国民一人当たりの国内総生産（GDP）で見ると、先進国のそれは発展途上国のそれの六六倍という差がある。今日、西アフリカのブルキナファソで生まれた子どもと日本で生まれた子どもを比べると、前者のほうが三五年も寿命が短く、インドで生まれた子どもはアメリカで生まれた子どもよりも、十四年寿命が短くなる。貧しい国では学校への就学が限られ、識字率も低いのに対して、豊かな国では学校への就学はほぼ完全で、識字率も完全であるという差がある。そして、政府の腐敗が最も進み、非民主的な状況にあるのはほぼ例外なく、最貧国だ。

## 世界の雇用危機

移住を促す最も有力な要因の一つが職を求めての移住だ。二〇〇八年から二〇一〇年にかけての世界金融危機の時期に急上昇したとはいうものの、過去数十年の間に、先進国の全体的な失業率は低下している。それとは対照的に、発展途上国の大部分では、失業率が上昇しているか、または安定しながらも依然として高いレベルにあるという状況が続いている。失業率が最も高い世界の主な地域は、中東と北アフリカで一二パーセントを超えており、それに対して、先進国では約六パーセントにとどまっている。

世界的な雇用危機には、失業だけではなく、多くの人々が不完全雇用にあるという問題もある。多くの人々が、将来の雇用が予測できないインフォーマル・セクター（非公式な経済部門）で働くのが普通であり、雇用機会は季節ごとにやってくるか、場合によっては週ごと、または一日単位で変動し、労働条件がきわめて劣悪になることもある。たとえ仕事を得たとしても、賃金はかろうじて生きていけるという程度であることも少なくない。UNDPの推定では、貧困は減っていくと見られるものの、当分の間続くと予想され、二〇一五年には、約三億八〇〇〇万人の人々がまだ一日一米ドル以下でなんとか暮らしている状況だった。世界の雇用危機としてさらに、国際労働機関（ILO）の推定によれば、現在強制労働をさせられている人々が世界中で一二〇〇万人もいるという問題もある。

発展途上国でとくにストレスを強いられている人々は、農業従事者で、それは労働力全体の約半数に当たる約十三億人に上る。彼らの多くは、商業主義の拡大と環境悪化の影響に脅かされている小規模農場で働いている。彼らは政治的な立場が弱いことから、不当な税金を払わされることもよくある。発展途上国における農業とそれ以外の分野での収入格差は近年、劇的に広がっており、その結果、農場経営者とその家族がより良い収入を求めて、町や都市に移住する動きが加速している。このような人々の多くにとって、本国を出て国際的に移住する前の段階として、都市へ国内移動をするのが第一段階となっている。

## 労働市場の階層化

高所得国では、労働市場の階層化が進んでおり、その原因として、労働市場のいくつかの部門では低賃金、危険、地位の低さから移住労働者が圧倒的に多く、現地の人々が働きたがらないという事情がある。このような仕事は汚い（dirty）、危険（dangerous）、困難（difficult）の頭文字を取って「3D」と言われており、農業や林業、農園経営、重工業、建設業、家事労働など（写真3を参照）の部門に集中している。世界金融危機の時にも、現地の労働者はこれらの仕事を嫌がったため、経済動向に関係なく、移住労働者の需要は一定程度まで増え続けた。

これらの分野の仕事をしている移民は、きわめて低賃金の不安定な条件で働くことをいとわない非正規／非登録の移民である場合が多い。アメリカの場合、農業はメキシコからの非正規移民が従事していることが多く、ロシアでは重工業を非正規移民が担い、イギリスをはじめとしたヨーロッパ諸国では、建設業、食品産業、多くのサービス業が非正規移民によって支えられている。昨夜食べたピザが安かったとすれば、厨房で働いている労働者の立場が非正規移民で、最低賃金以下で働いているからだ。経営者にとって、非正規移民は安い賃金で柔軟な条件で働いてくれるために雇いやすいという利点があるが、移民たちからしてみれば、搾取され、不当な扱いを受けているという場合が多い。

写真3　アメリカ・ノースカロライナ州の農場で働く非正規移民の労働者（© Andrew Lichtenstein/Corbis）

**Box 3　アフリカの携帯電話革命**

現在、世界人口の半数以上が携帯電話を使用しているという推計がある。その大多数が発展途上国の人々で、携帯電話は、先進国よりも発展途上国のほうで利用者が多い歴史上で初めての通信テクノロジーとなった。とくにアフリカでの利用が世界で最も急速に進んでおり、今後10年間で20倍（世界の他の地域の2倍の増加率）になると推定されている。

## 通信・輸送革命

通信革命はグローバリゼーションの中心的な要素だ。グローバリゼーションに関する研究の多くが、Eメールやインターネット、電子掲示板、衛星テレビ局、携帯電話、安価になった国際電話など、近年におけるハイテク分野の爆発的な発展を指摘している（「Box 3」を参照）。たとえば、一九九〇年から二〇一五年の間に、インターネット利用者がわずか百万人から三〇億人以上にまで増加したという推計があり、このような通信革命によって世界が急速につながり、事実上、世界各地の間の距離が縮まった。これは、次のような二つの理由で移民と関係している。一つ目は、通信革命によって人々が、格差や世界各地の生活事情を知ることができるようになったということであり、二つ目は、人々が国外に移住して働く機会を意識するようになったことだ。第8章で見ていくように、テクノロジーは移民の未来に最も重要な影響を及ぼす要因の一つになるだろう。

しかし、また同時に、通信革命の影響を過大評価することもありえる（写真4を参照）。貧しい国と豊かな国との間にある情報リソースへのアクセスの格差を表わす「デジタルデバイド」が依然として世界的に大きく、このことは、コフィー・アナン国連事務総長（当時）が二〇〇〇年に行った演説で述べた「世界人口の半数がいまだに一度も電話をかけたことも受けたこともない」という言葉に最もよく表われており、この値については、それ以来、広く議論されているように世界的な平等を達成し、社会的流動性を高め、民主主義を促進し、経済成長を推進するために、デジタルデバイドの溝を埋めることは重要だと考えられている。

**写真4　インド・バンガロールのインターネットカフェのわきに座っているホームレスの男性**
(Belinda Lawley/Panos Pictures)

グローバリゼーションに関する文献でしばしば言及されているもう一つの「革命」が輸送革命だ。輸送革命とは、一方では国際的な渡航の選択肢が増えたことであり、またもう一方では費用が下がったことを意味する。輸送革命はとくに、航空会社の競争が激増したことによって始まった。ただし、やはり輸送革命についても、それが全世界の隅々にまで達したと考えるのは間違いかもしれないが、それでも今日、二五〇〇米ドルもあれば世界のどこでも合法的に往来することができるだろうというのも事実だ。第5章で見ていくように、不法の渡航はずっと高い費用を要する可能性があるが、不法であれ渡航ができる状況であることに変わりはない。通信革命によって、多くの人々が国際移住することをより強く意識するようになったとしたら、輸送革命は、それを実行可能なものにしたと言える。しかし、輸送革命についても、その影響を過大評価しないことが重要だ。実際、世界の大部分の人々にとって、国際的な渡航には今でも非常に高い費用がかかるのが現実であり、多くの人々の前にはパスポートやビザの取得などの行政手続きが立ちはだかっている。

## 移住ネットワーク

大部分の移民は、すでに友人や家族が定住し、トランスナショナルな移住ネットワークを形成している国に移住する。今日、移民が増加している主な理由の一つが、このような移住ネットワークの存在であるという議論があり、そのネットワークが自己永続的な循環過程を作り出している。移民が増え続けているということは、かつてないほど多くの人々にとってすでに国外に住んでいる友人や家族がいるということであり、また移民の地理的な分布が変化しているということは、移住ネットワークによって、貧しい国の国際移住希望者ともっと豊かな国の移住候補地が、かつてよりも結びつきやすくなっているということを意味する。

移住ネットワークは、主に三つの方法で国際移住を促すとされている。第一は、しばしば新しい通信技術を利用したりして国際移住に関する情報を提供することだ。第二は、移住希望者の渡航費用を資金面で支援することだ。第三は、移民の最初の滞在先を提供し、職探しを手伝い、また他の経済的・社会的な支援を行うことによって、移民の定住を支援するために重要な役割を果たすことだ。

移住ネットワークの性格はそこにおける移民の歴史や国家的な条件、移民の社会文化的な特徴によって大きく異なっていることが、研究によって実証されている。ただ、それにもかかわらず、移住先の国の経済的な繁栄の度合いに関係なく、ネットワークはおおむね機能し続けているというのが、移住ネットワークに対する重要かつ一般的な見方だ。その勢いを政策的に止めることは難しいということも、研究によってわかっている。

## 新しい権利と資格

ある種の人々が国境を越えて、かつてないほど容易に外国に滞在できるようになってきている。たとえば、ヨーロッパ連合（ＥＵ）域内の国境管理の停止によって、域内のＥＵ市民の自由な移動が可能となる一方で、北米自由貿易協定（ＮＡＦＴＡ）や、それ以外のアフリカや南米などの地域の経済協定にも、労働者の移動の自由に関する規定が含まれている。さらに、ビジネスパーソンや研究者、学生、スポーツ選手や芸能人などの一部の分野に属する人々については、ビザが免除されたり、通常よりも迅速な手続きによってビザを申請することができたりすることが多い。また、かつてないくらい多くの国で、そこに長期滞在する移住労働者とその親といった近親者が一緒に暮らすことが認められている。そして、移民問題のもう一方の側にある事実として、世界の大部分の国は、国外の難民の庇護と支援を保障する一九五一年難民条約（難民の地位に関する一九五一年の条約）に調印している（第6章を参照）。

しかし、このような新しい権利と資格が認められる範囲については、誇張されている面もある。労働者の移動の自由は、EU以外の大部分の地域経済協定においては、いまだに実現されていない。アメリカでは、安全保障上の懸念が移民政策に大きな影響を及ぼしたため、高度な専門知識を持つ移民に発給されるH‐1Bビザ（特殊技能職ビザ）の発行件数が九・一一テロ以来、減少し、半数以下となっている。家族の帯同については、行政プロセスの厳格化が進んでおり、単純労働者や庇護希求者など多くの人々の移動に対する制限も増えている。

## 移住産業

移民はつねにビジネスを生んできた（「Box 4」を参照）。今日、移住ビジネスには次のようなさまざまな個人や仲介業者が関わっている。労働者の募集担当者、移民を扱う弁護士、旅行代理店、

**Box 4　歴史的に見た移住産業**

移住産業は新しいものではないが、その規模と利益には新しい特徴がある。19世紀末にイタリアからアメリカに移住した人々に関する1977年の著作の中で、歴史家ロバート・ハーニーは「移住の商業(the commerce of migration)」という言葉を造り出し、「官僚、公証人、弁護士、旅館営業者、高利貸し、田舎商人、港湾都市の密輸業者、仲介業者、また列車の車掌でさえ、移住業に依存していたことは明らかだ」と書き残している。19世紀末にメキシコ中西部からアメリカへの移住を促し、この地域の労働力と、アメリカの南西部で労働者を必要としている産業とを結びつけた仲介事業者たちが果たした重要な役割については、ジョルジ・ドゥランドも記述している。

仲介者、住宅提供者、送金仲介業者、入管・税関職員、移民や難民の輸送や公式の定住・帰国プログラムをしばしば管理する国際移住機関（IOM）などの機関、移民や難民を援助・保護するNGOなどだ。研究者の中には、これらの個人や仲介組織について、商業上の利益を得るその他のビジネスと同様に、新たな移住「産業」、または移住「ビジネス」を形成しているという者もいる。第5章で解説しているように、移住産業には、人身取引業者や移民密航業者といった違法な側面もある。

移住産業が国際移住から上げている莫大な利益がこのプロセスに拍車をかけているという議論がある。また同時に、移民の本国、通過国、移住先の国の小規模業者や下請け仲介業者を、高度に組織化された集団に結びつける構造がますます複雑になっているため、政策的な介入によって移住産業の影響を軽減することが難しくなっている。

## 国際移民を説明する

本章では、国際移住の動機と機会を増大させている世界経済の重要な構造変化の一部について、簡単に説明してきた。しかし、国際移民はまだ世界人口の約三パーセントにすぎないのも事実である。不平等が拡大し、他国にもっと豊かな暮らしを求めるチャンスがあることをより意識するようになり、輸送手段へのアクセスが高まっていることを考えると、移民がなぜそれほど少ないのかという当然の疑問が湧いてくる。

この疑問に対する答えの一部は、すでにそれとなく示されている。世界の不平等の影響を最も受けている最貧の人々は、移住する余裕もないのだ。貧困を逃れようと移住する多くの人々は、国際移住ではなく、田舎から都市へと国内移住をするのが普通のパターンだ。貧しい国で仕事がないか、または十分な仕事にありつけていない人々の数のほうが、豊かな国の階層化された労働市場にある仕事の数を大きく上回っているのが現実だ。通信・輸送革命は、一部の識者が考えているほど広範囲にわたる影響を及ぼしてはおらず、移住ネットワークの影響も同様である。移住の権利と資格は概して、限られた特権階層に適用されるものだ。しかも、移住産業は利益に依存するビジネスであるため、移住にかかる費用を釣り上げていく動機付けがつねにある。

また、これまでの研究からは、このほかに少なくとも三つの理由が浮かび上がってくるが、その中で最も重要なのが慣性だ。大部分の人々は家族や友人、慣れ親しんだ文化から離れたいとは思っていないため、生まれた国にそのままとどまっている。二つ目に、政府が国外移住を規制することができるという理由もある。かつて共産主義諸国は自国民の出国を禁止していたが、旧ソ連の崩壊と冷戦の終結以降は、そのようなことはきわめて稀なケースとなった（キューバと北朝鮮は代表的な例外）。三つ目に、今日、それ以上に一般的なのが、移住先の国が移民の流入を管理するという動きを挙げることができるが、それは必ずしも効果を発揮しているというわけでもない。追加的な理由として、「格差の拡大」の節で見た気の滅入るような統計があったり、時に極端に緩慢なペースであっても世界の大部分の国は発展し続けているため、それとともに国外移住が減っていく、というのも理由の一つである。なお、移民と開発の関係については、次の第４章で詳しく見ていく。

# 第4章
# 移民と開発

国際移民は、主に二つの意味で開発と関連性を持っている。第3章では、そのうちの一つ、すなわち開発における格差が移住を促す要因となりうるという側面について見てきたが、本章ではこの関係について反対の方向から考え、国際移民が送り出し国の開発にどのような影響を及ぼすのかについて見ていく。プラス面については、移民は故郷に巨額の資金を送金し、国外からさらに別の形での貢献ももたらし、帰国すれば、新しい技術や経験、人脈ももたらすというメリットがある。しかしその一方で、マイナス面では、すでに第1章で示唆したように、移民は「頭脳流出」という形で、ただでさえ不足している技術を本国から激減させるというデメリットももたらす。

## 送　金

送金という言葉は通常、国外の移民から故郷に送られてくる資金を指す言葉だ。すでに明らかだと思うが、国際移民に関連するほとんどのものは正確に定量化することは難しく、それは送金についても言える。銀行システムを通じて故郷に送金されるため、公式にその流れを追うことができる資金もあるが、それ以上の資金が非公式な経路を通じて故郷に送金されているだろう。非公式な経路を使用する理由の一つとして、しばしば銀行や仲介業者が請求する費用の高さが挙げられ、実際その二〇一五年の世界平均は（送金額の）八パーセントだった。非公式の送金経路には、移民が故郷に一時帰国した際に現金を持ち帰る場合や、友人や親族と一緒に資金を故郷へ送る場合も含まれる。時には、故郷との間を定期的に行き来している起業家や貿易業者がわずかな手数料で移民のために資金を持ち帰ってくれることもあり、たとえば、キューバではこのような起業家はムラ（mula）と呼ばれている。しかし、たぶん最も手の込んだ非公式送金の仕組みは、ソマリアのハウィラアド（hawilaad）と呼ばれるシステム（写真5を参照）と思われるが、このような非公式の送金の規模については知られていない。さらに、銀行が個人の送金に関する詳しい情報を開示したがらない場合や、開示することができない場合が多いため、公式の送金でさえも、必ずしも正確に定量化できるというわけではないのが現実だ。

**写真5　ソマリアの首都モガディシオの国際送金会社の広告板**（Sven Torfinn/Panos Pictures）

こういったデータ上の問題はあるが、世界銀行は、世界中の送金額の規模に関する年間の推定値を発表している。それによると、二〇一五年には、移民の故郷への送金はおよそ五八六〇億米ドルだったとされている。これは実に莫大な額だ。一部のアナリストは、公式の送金額は現在、合法的な商品取引（麻薬を除く）に伴う資金の流れの中で石油に次いで世界で二番目に大きい額を示していると考えている。発展途上国では、企業による投資に次いで送金が外国からの資金調達の最も重要な手段であり、開発援助と慈善活動を通じた寄付金の額の約二倍に上っている。

世界の送金増加率も顕著で、二〇一五年の合計は、二〇〇七年に本書の初版が出版された当時と比べて三倍以上となっている。送金額が近年、そこまで急速に増加している主な

### Box 5　ハウィラアド・システム

ハウィラアド（ザウィラアドともいう）・システムは、主にソマリア人商人たちのやり方を指す。彼らは外国にいるソマリア人移民から物理的に通貨を集め、その資金を使ってソマリアで売ることができる商品を購入する。そして定期的にソマリアに戻って商品を売り、それと同額をソマリア通貨で移民の家族に支払う。商品を売って上げた利益が事実上、商人の手数料となる。このような資金移転システムが、世界中のソマリア人コミュニティの間で運用されている。9.11 テロの直後、テロ資金がソマリア経由で流れていたことを示す証拠の一部が見つかったことを受けて、このシステムを監視または閉鎖しようという動きが見られたが、このシステムは捕捉することが難しいため、依然として広く運用されているようだ。

理由は、グローバリゼーションの進展にある。つまり、グローバリゼーションが生み出した三つのTが同時に送金を促す要因となっているのだ。三つのTの一つ目は、輸送（transportation）、その中でもとくに安価な航空輸送だ。二つ目は観光（tourism）の増加であり、多くの移民が休暇で故郷に戻る際に資金を持っていくということだ。三つ目は通信（telecommunication）で、安価な国際電話料金、またインターネットへのアクセスが拡大していることによって、移民とその家族は以前よりも頻繁に連絡を取り合うことができ、また友人と家族もより容易に支援を求めることができるようになった。また、現在では携帯電話を使った送金も増えているが、ハウィラアドなどの伝統的な手段も依然として重要な役割を果たしている（「Ｂｏｘ５」を参照）。

しかし、二〇一五年の合計額は送金額の増加が頭打ちになったことを示しており、それは二〇一四年以降、わずか〇・四パーセントの伸びにとどまっている。これは、二〇〇八年から二〇〇九年の世界金融危機以来で最大の送金増加率の落ち込みを示す数字であり、その原因として、ヨーロッパの経済成長の鈍化、ロシア経済の悪化、ユーロ安・ルーブル安が考えられる。

二〇〇四年の送金受け取り国の上位三か国は、インド（七〇〇億米ドル）、中国（六四〇億米ドル）、フィリピン（二八〇億米ドル）だったが、GDPに対する比率で見た送金額は小国が最も高く、ヨルダンが二三パーセント、レソト（アフリカ南部）が二七パーセント、トンガが三七パーセントだった。また、他の発展途上地域と比べて、サハラ砂漠以南のアフリカ諸国の送金受け取り額が最も低く、地域全体でわずか三三〇億米ドルにすぎなかったことも注目しておきたい。送金の出身国への影響に関する重要な議論が今でも行われており、その結果明らかに送金を直接受け取る人々は社会で最も貧しい人々であることが多く、そういった人々が送金の恩恵を受けていることが示されている。送金によって人々は貧困から抜け出すことができ、たとえば、（アフリカ大陸東端の）ソマリランドでは、平均世帯収入が送金によって二倍になったという推計が出されている。また、レソトでは、送金が農村地域の世帯収入の最大八〇パーセントを占めている。収入の増加に加えて、送金は収入源の多様化にもつながっており、単独の収入源に対する世帯の依存度を減らす効果をもたらしている。このように、送金はリスクに対する保険にもなっているのだ。さらに、送金が子どもの教育費や高齢者の医療費に使われることも多い。

しかし、送金を直接受け取る家族以外に送金がどのくらいの利益をもたらしているかは、主にそれがどう使われるかによる。たとえば、小規模の会社を設立するのに使われるか、または井戸や学校、診療所などの地域に密着した事業に投資されれば、送金は直接それを受け取る人々以外にも雇用やサービスを生み出すことができる。一方、送金が自動車やテレビなどの消費財の購入や負債の返済に使われるのはよくあることだが、その場合、送金がもたらす便益は限られたものとなる。また、送金を受け取ることができる世帯とそうでない世帯がある地域では、世帯間の格差が拡大し、コミュニティが崩れていく。さらに、移民の出身地域が出身国のある特定の地域に集中する傾向があり、送金によって地域格差が広がる可能性があることも覚えておかなければならない。また、家族がより豊かな国に非正規な方法で移住することができるように、密航業者に送金が支払われることを示す証拠も見つかっている。

送金を肯定的に見る動きが、最近、マスメディアだけでなく、学界や政策立案者の間でも強まっている。たとえば、開発に対する送金の価値が国連の二〇一五年の持続可能な開発目標（SDGs）で認められている。しかし、いくつか警鐘を鳴らすことも必要だ。第一に、移民のしばしば故郷で暮らす家族と長期間離れ離れになっているという困難な状況に対して、十分な注意が払われていないという問題がある。また、故郷に送金したからといって、パートナーと離れて暮らしていることや、子どもの成長する姿を間近で見ることができないこと、また高齢の両親の面倒を見ることができないことの穴埋めになるとは必ずしも限らないという側面もある。

第二に、移民に対して故郷への送金を求める社会的な圧力を過小評価すべきではない。移民は不安定な雇用環境で失業するかもしれないし、賃金が非常に低いかもしれないが、故郷の人々は、しばしば移民に対して巨額の送金を期待しがちだ。興味深いことに、その理由として、移民自身が実際の仕事の内容や収入額について、家族を誤解させていることが多いことが研究によって実証されている。たとえば、両親が財産を投げ打ってまで自分をパリに行かせてくれたとしたら、実際には六人で部屋を共有し、街の掃除をしていたり、または、売春婦として働いているとしても、そう言わずに、素敵なアパートと楽しい仕事を見つけたと信じ込ませたいと思っても、罪はないだろう。最後に、送金を受け取ることが出身国に「移住の文化」を創り出し、若者たちに国際移住には明らかに見返りがあると信じ込ませ、国外移住に対する非現実的な期待を抱かせることになるという側面もある。また、送金への依存によって、故郷の人々の中には勤労意欲を失う人も出てくるかもしれない。

近年、とくにアメリカ・ウェルズリー大学教授のペギー・レヴィットの研究と大きく関連する、興味深い考え方として「社会的送金」というものがある。これは、移住した人々が故郷に資金だけではなく、新しい考え方や社会的・文化的な習慣、行動規範をもたらすというものだ。これはたとえば、家族のレベルでは、国外で働いている一方の親が休日に故郷に帰ってきた時に、子どもに新しい考え方を教えるということが挙げられる。また、これは、移民が出身国の各種メディアに出演するというもっと公の形でも起こりうる。今日、この最も有力な形態はインターネットを通して起こっていると言える。第3章で見たように、多くの貧しい国ではインターネットへのアクセスはまだ限られているものの、そうした国の政治家やジャーナリストといったオピニオンリーダーはしばしばインターネットを使っているため、メールやネットのチャットルームでの議論を通じて、彼らに影響を与えることができる。

## ディアスポラ

同じ町や都市、地域、国出身の多くの移民が同じ移住先の国で暮らすと、しばしば公式の組織を形作ることがある。このような組織はさまざまで、たとえば出自が同じ移民の医師や弁護士、教師が集まる職業団体がある。また、スポーツや宗教、ジェンダー、慈善事業、開発などの共通の利害に基づく組織もある。故郷の開発を主な活動としている同じ町や都市出身の人々が集まる同郷団体（HTA）もある（「Box 6」を参照）。第2章で触れたように、このようなさまざまな移民の組織を表わすために、ディアスポラ（国外離散）という包括的な用語が使われることが多い。

これらのディアスポラ組織は会員から寄付を集め、特定の目的のために出身国に送金するのが普通であり、その目的とは、しばしば進行中の開発に充てるというものだ。また、緊急支援に充てることもできる。たとえば、近年西アフリカでエボラ出血熱が発生した際には、ディアスポラ組織が即座に集会を開いて、故郷に資金や医療機器、テント、食糧を送った。

**Box 6　同郷団体（HTA：Home Town Association）**

メキシコのHTAは歴史が長く、最もよく知られているものは1950年代に創設されている。現在、アメリカの30都市に600以上のメキシコのHTAがある。これらの団体は、公共インフラの建設（たとえば、新しい道路や道路の改修）や機材の寄付（たとえば救急車や医療機器）、教育振興（たとえば奨学金プログラムの創設、学校建設、学校用品の提供）を含めた、出身地域の公共事業を支援している。

故郷に資金や物資を送ることによって経済的に貢献するだけなく、ディアスポラ組織は本国やコミュニティの政治問題、社会問題、文化的な事柄にも参加することもある。その中でも最もわかりやすい政治への貢献は、外国から本国で実施される国政選挙（時に地方選挙）に投票することだ。実際ジョージ・ブッシュがアル・ゴアを僅差で破る大接戦となった二〇〇〇年のアメリカ大統領選挙では、国外に住んでいるアメリカ市民の投票がある特定の州の結果に大きな影響を与えた。一九九三年のエリトリアの独立をめぐる住民投票では、投票権を持つ国外に住んでいるエリトリア人の九八パーセントが実際に投票したという推計がある。エリトリアは、ディアスポラ組織がいかに政治的な貢献を果たすことができるのかを示す事例をほかにもいくつか提示している。たとえば、独立後に、エリトリアのディアスポラ組織の代表者たちは、エリトリアの憲法草案の作成を管理する委員会のメンバーに正式に加えられているといったことだ。

社会的・文化的生活に対するディアスポラ組織の貢献を測る

のはより難しいが、政治的・経済的貢献と、重要な影響を与えうるものであることは間違いない。その一つの好例がソマリランドで、ソマリ人のディアスポラ組織が北西部の都市ボラマにハルゲイサ大学とアムード大学を建設するための資金の大半を負担しているという事例がある。さらに、国外で暮らしているソマリ人の学者たちが研究休暇を取ってこの二つの大学で教えるために帰国し、若いソマリ人の大学教員を訓練した。技術革新が進んだため、ディアスポラ組織が、たとえば、物理的に移動しなくてもインターネットの訓練プログラムやビデオ会議を通して貢献することもできる。こういうやり方を「バーチャル帰国」と呼ぶことがある。

ディアスポラ組織が果たすことができる貢献の可能性に気づき始めている国が世界中に増えており、ディアスポラを経験した人々を動員してさらに貢献することができるようにする取り組みを行っている。このような取り組みは非常に公的な方法で実施されており、実際メキシコでは、国外に住んでいるメキシコ人との関係を担当する大臣職を設置している。また、たとえば、さまざまな移住先の国の組織に講演のための特使を派遣するというような非公式な方法もある。

いちおう、送金に対する特定の留保を提示しておく必要があるだろう、つまりそれはディアスポラ組織による潜在的な貢献に関することについてである。その理由の一つとして、ディアスポラを経験した人々は開発に貢献することができる一方で、戦争にも加担しうるという事情がある。たしかにエチオピアとエリトリアのディアスポラ組織からの送金が、両国間の紛争の資金源となってきた。また、ディアスポラ組織が特定の宗教団体や民族団体に支配されていることも多く、ディアスポラ組織の貢献はそういった特定の団体を対象としているため、出身国の格差をさらに悪化させていることもある。これに関連した問題として、ディアスポラ組織を構成しているのがしばしば高学歴のエリートであるという点があり、彼らの貢献の仕方はこのことを反映したものとなっていることもある。たとえば、大学の建設が貧しい農村の小作農に直接的な恩恵をもたらすことはたぶんない。

## 帰　還

故郷への送金とディアスポラ組織を通じた集団的な貢献に加えて、移民が開発に貢献する三つ目の方法として、本国への帰還がある。移民は故郷に帰国した時、国外から持ち帰った貯金を国内に投資することもでき、たとえば、小規模の会社を設立することも多い。移民は国外の良い人脈を持ち帰って、小規模の取引や輸出入活動の土台として活かすこともできる。前述したように、移民は新しいアイデアをもたらしうるものであり、そのアイデアが本国の人々の間に起業家精神や起業活動を生み出す。

この点においても、帰国の影響を過大評価しないことが重要だ。国外でうまくいかずに帰国する人もおり、そういう場合には、帰国しても貯金も新しい経験もなく、出国前の状態に戻ることになる。国外で働いていた移民が引退して帰国することも多い。資金や経験を持って帰国する人もいるかもしれないが、帰国時には経済的にアクティブではないこともある。また、帰国がもたらす影響の度合いは実際、本国の国内情勢による。たとえば、土地を持っていなかったり、税金が高すぎたり、または熟練労働者が不足していたりすると、新規事業を立ち上げたいと思って帰国した移民は、不満を抱いて、事業計画をあきらめなければならなくなる。

第1章と第2章で見たように、短期帰国と再移住を繰り返す「循環的移住」の傾向が強まっているようだ。とくに政策立案者の間では、このような短期帰国も開発に貢献することができるのかどうかという問題をめぐって議論が起こっている。この点、休暇で帰国したペルシア湾岸諸国のインド人労働者に関する限定的な研究は、一時帰国が現地の経済に直接的な押し上げ効果をもたらすことがあることを示唆している。その理由の一つは、短期帰国した移民は、友人や家族のために派手にお金を使い、消費を見せびらかして、贈り物を買ったり、飲食代を払ったりするためだ。

## 頭脳流出

国外移住には、国内の失業率が高い国では、限られた雇用を巡る競争を軽減することができるというメリットがある。これが、たとえば、フィリピン政府が移民を積極的に奨励している理由の一つだ。ただ、もちろん、そこには移民による送金も理由の一つとしてある。

しかし、国際移住には選別的な側面もあり、移民はしばしば社会の中で最も起業家精神に富み、高学歴で優秀な者から現れる。彼らの持っている特定の技能をすぐに活かすことができれば、何も問題はない。たとえば、インドでは多くの若者がコンピュータや技術者としての技能を持っているため、その分野の移民を数多く送り出すことができる。ただ、そのような移動によって、本国から希少な技能を持った人たちが出ていってしまうという問題があり、これは通常、頭脳流出と呼ばれている。頭脳流出は、技能が国外に出て行ってしまうだけでなく、自国民の教育や訓練への投資に対するリターンを国家が得られなくなってしまうという側面もある。

頭脳流出は世界的な現象だ。たとえば、ヨーロッパの最も優秀な科学者たちが、給与が良く、研究助成金が潤沢で、機材も優れている北米に出て行ってしまうことに対する懸念が、何年もの間持たれている。

しかし、この頭脳流出は、より貧しい国で大きく注目されている。とくに懸念される点は、サハラ砂漠以南のアフリカ諸国からの看護師と医師の国外移住だ。独立以来、研修を受けてきた六〇〇人の医師のうち、ザンビアで今でも開業しているのはわずか五〇人だけという驚くべき数字もある。マラウィ全体よりも、現在、イギリスのマンチェスターで開業しているマラウィ人医師のほうが多いという推計もある。マラウィなどの国では、いまだに幼児死亡率や疾病率が高いため、医療従事者の国外移住が開発にマイナスの影響を及ぼしている理由がよくわかる。

医療よりも注目度は低いものの、アフリカからの教師の頭脳流出に対する懸念が高まっていることも指摘しておきたい。第3章で見た就学率と識字率の問題が、この頭脳流出の深刻さを物語っている。

頭脳流出に対する見方は分かれている。頭脳流出は、生活を改善し、自らの可能性を実現するための移住であり、間違った行動ではないと考えることが可能だ。また、出身国が十分な雇用やキャリアの機会を提供することができず、居住する動機がない場合には、問題はそういう国自体にあるとも言える。しかし、一方では、技能を持った移民が目指す豊かな国がそういう人々を積極的に集めていることに対する批判もある。優秀な人だけを選んで採用し、それ以外の人には関心を示さないことに対して、批判されている国もある。一部の論者は、豊かな国は技能を持った人々を奪っていることに対して、貧しい国を補償すべきだと考えている。また技能がとくに不足している国や産業分野から人材を選別することを避ける、より倫理的な人材採用の方法を取るというやり方が考えられる。第8章で見ていくように、国外である一定期間働いた後の移民の出身国への帰還を促す一時的な移民プログラムが、長期的に見ると、このような課題へのより持続可能性の高い対応策と言えるかもしれない。

# 第5章
# 非正規移民

非正規移民は、それ以外の移民と全く同じ動機を持って本国を出ていく。合法的な移民ではなく非正規移民が増えている主な理由は、合法的な移住に対する制限が増えているからであり、そのほとんどは移住先の国における制限だ。国際移住を希望する人の数はかつてないほどまでに増えているが、その合法的な機会はそれに比して減っている。法的な制限があるにもかかわらず多くの人々が国際移住を希望するため、そこに数十億ドルものカネが動く産業ができあがり、人身取引や移民の密航が起こっている。

## 非正規移民とは？

本書では、「非合法の（illegal）」という、より一般的に使われる言葉を意図的に避けて、「非正規（irregular）」移民という言葉を用いることにする。「非合法」という言葉に対する最も強い批判は、人々を「非合法」な存在と定義することはその人間性を否定することになるというものだ。人に対して非合法な存在だとは言えないのだ。移民はその法的な地位が何であろうと、人間であり、権利を持っているということは、忘れられがちだ。また、「非合法」という言葉は犯罪性を含意しているという批判もある。もっとも、大部分の非正規移民は犯罪者ではないが、ほとんどの非正規移民が明らかに行政上の規則や規制に違反しているのも事実ではある。

また、このような移民に関しては、「非登録（undocumented）」と「非公認（unauthorized）」という言葉もしばしば使われているが、「非登録」は意味が曖昧であるため、ここでは避けたいと思う。「非登録」は、登録（または記録）されていない移民を表わすのに使われることがあり、時には書類（たとえばパスポートや就労許可）を持っていない移民を指すこともある。また、どちらの状況もすべての非正規移民に当てはまるとは限らず、多くの非正規移民は当局に知られており、書類を持っているが、それでも「非登録」という言葉がしばしば用いられている。同様に、すべての非正規移民が必ずしも非公認であるとは限らず、この言葉が使われる際の意味も曖昧であることが多い。

Book review

MAY 2021

# 5月の新刊

勁草書房

〒112－0005 東京都文京区水道2－1－1
営業部 03－3814－6861　FAX 03－3814－6854
ホームページでも情報発信中。ぜひご覧ください。
http://www.keisoshobo.co.jp

## オッカムのかみそり

最節約性と統計学の哲学

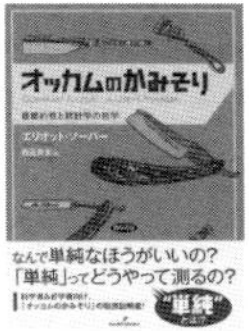


エリオット・ソーバー 著
森元良太 訳

なぜ仮説は単純なほうがよい？「オッカムのかみそり」はどう使う？　この有名な原理を科学や哲学で振るうための使い方マニュアル。

A5判上製 368頁　定価4950円
ISBN978-4-326-10294-5

## 間違った医療

医学的無益性とは何か

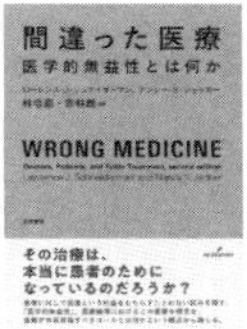


ローレンス・J・シュナイダーマン
ナンシー・S・ジェッカー 著
林 令奈・赤林 朗 監訳

その治療は、本当に患者のためになっているのだろうか？　医療のゴールという観点から、医学的無益性という概念を徹底的に問い直す。

A5判並製 308頁　定価3520円
ISBN978-4-326-10295-2

## 動物意識の誕生　上

生体システム理論と学習理論から解き明かす心の進化

シモーナ・ギンズバーグ
エヴァ・ヤブロンカ 著

## 動物意識の誕生　下

生体システム理論と学習理論から解き明かす心の進化

シモーナ・ギンズバーグ
エヴァ・ヤブロンカ 著

Book review

勁草書房

MAY 2021

http://www.keisoshobo.co.jp

## 5月の新刊

### 幽玄とさびの美学

日本的美意識論再考

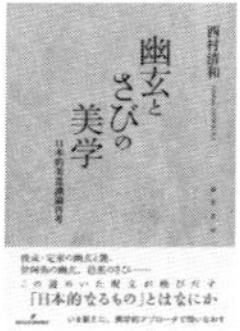

西村清和

日本的美意識といわれる「幽玄・さび」。俊成や芭蕉の歌論や俳論にその実質を検討、「日本的なるもの」の有効性を批判的に検証する。

四六判上製 328 頁　定価 4070 円

ISBN978-4-326-85197-3

## 5月の重版

### なぜ道徳的であるべきか

Why be moral? 問題の再検討

杉本俊介

あまりに常識的で、不道徳な問い？哲学・倫理学上の難問をめぐる多様な立場を俯瞰し、実践理性の観点から一つの回答を提示する。

A5 判上製 292 頁　定価 4950 円

ISBN978-4-326-10291-4　1 版 2 刷

### 反美学 [新装版]

ポストモダンの諸相

ハル・フォスター 編

室井 尚・吉岡 洋 訳

ハーバーマスの「近代＝未完のプロジェクト」をうけ、建築、彫刻、絵画、写真等の現場における変化／ポストモダン状況を論じる。

四六判上製 320 頁　定価 3850 円

ISBN978-4-326-15191-2　2 版 6 刷

双書プロブレーマタⅡ⑤

### オースティン哲学論文集

J. L. オースティン 著

坂本百大 監訳

言語行為論の創始者として知られる

ポリティカル・サイエンス・クラシックス4

### 紛争の戦略

ゲーム理論のエッセンス

トーマス・シェリング 著

河野　勝 監訳

2005 年のノーベル経済学賞受賞・シ

ポリティカル・サイエンス・クラシックス5

### ポリティクス・イン・タイム

歴史・制度・社会分析

ポール・ピアソン

粕谷祐子 監訳

歴史は重要である。では、どんな意味

### 社会科学のケース・スタディ

理論形成のための定性的手法

アレキサンダー・ジョージ

アンドリュー・ベネット 著

泉川泰博 訳

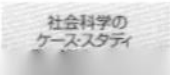

優れた事例研究の進め方とは？　社

四六判上製 496 頁　定価 4620 円
ISBN978-4-326-19885-6　1 版 4 刷

A5 判上製 340 頁　定価 4180 円
ISBN978-4-326-30161-4　1 版 7 刷

ISBN978-4-326-30187-4　1 版 3 刷

ISBN978-4-326-30214-7　1 版 5 刷

## 連帯の哲学　I

フランス社会連帯主義
重田園江

究極のエゴイストでも聖人でもない人たちの、ありうる結びつきとは？　彼らに力を与え、「生きる術」となる連帯について考える。

四六判上製 320 頁　定価 3520 円
ISBN978-4-326-35154-1　1 版 2 刷

## 冷戦史

ロバート・マクマン 著
青野利彦 監訳
平井和也 訳

現代世界はどこから来たのか？　今も続く北朝鮮問題などの混迷を生み出した冷戦の歴史を、コンパクトにわかりやすく紐解いてゆく！

四六判上製 272 頁　定価 3520 円
ISBN978-4-326-35175-6　1 版 3 刷

## 自由と権利［新装版］

政治哲学論集
ジョセフ・ラズ 著
森際康友 編

民主的な権威概念の可能性を軸に、自由と権利の根底にある公的かつパーソナルなものを開示する。

四六判上製 368 頁　定価 4180 円
ISBN978-4-326-35181-7　2 版 1 刷

## スタートアップの知財戦略

事業成長のための知財の活用と戦略法務
山本飛翔

新たなビジネス領域をスピーディーに駆け抜けるスタートアップ。経営に知財を活かすための戦略とその法的アプローチをEXITから逆算して解説。

A5 判並製 304 頁　定価 3960 円
ISBN978-4-326-40375-2　1 版 3 刷

淑徳大学研究叢書 33

## 地方創生の総合政策論

“DWCM”地域の人々の幸せを高めるための仕組み、ルール、マネジメント
矢尾板俊平

「政治資本」、「社会関係資本」という「経済資本」を含めた「3つの資本」に着目し、より現実的な地方創生を総合政策論の立場から論じる。

A5 判上製 224 頁　定価 3300 円
ISBN978-4-326-50436-7　1 版 2 刷

## 選択しないという選択

ビッグデータで変わる「自由」のかたち
キャス・サンスティーン 著
伊達尚美 訳

ネットに氾濫する「あなたへのおすすめ」の数々……。来たるべき世界は効率的なユートピアか？　見えない強制に満ちたディストピアか？

四六判上製 272 頁　定価 2970 円
ISBN978-4-326-55077-7　1 版 4 刷

## サーキュラーエコノミー

循環経済がビジネスを変える
梅田 靖・
21 世紀政策研究所 編著

サステナブルな社会の形成に関して欠かせない理念であるサーキュラーエコノミーの全貌を紹介。日本はこれからいかに対応するのか。

四六判並製 208 頁　定価 2200 円
ISBN978-4-326-55085-2　1 版 2 刷

## ミメーシスを超えて

美術史の無意識を問う
岡田温司

絵の見方、美術の歴史を「父の機能」の一党支配から開放する戦略とは？

四六判上製 296 頁　定価 4180 円
ISBN978-4-326-85166-9　1 版 3 刷

四六判上製 356 頁　定価 3960 円
ISBN978-4-326-15474-6

四六判上製 416 頁　定価 3960 円
ISBN978-4-326-15475-3

## 学力格差への処方箋

［分析］全国学力・学習状況調査

耳塚寛明・浜野 隆・
冨士原紀絵 編著

子どもの学力格差の状況とその規定要因とは。全国保護者調査の結果を分析し、格差克服の学校事例も示しつつ今後の改善策を提言する。

A5 判上製 296 頁　定価 3190 円
ISBN978-4-326-25151-3

## 地域金融機関の収益力

経営再編と将来像

堀江康煕・有岡律子 著

貸出を中心とする収益力に特に焦点を当て、地域金融機関の環境変化への対応および課題について検討し考察する。

A5 判上製 272 頁　定価 4400 円
ISBN978-4-326-50482-4

日本交通政策研究会研究双書 34

## 脱炭素社会に向けた都市交通政策の展開

秋山孝正 編著

環境・エネルギーと道路交通政策を中心に低炭素車両（PHV）、超小型モビリティ（ULV）、公共交通の統合的な交通運用を考える。

A5 判上製 256 頁　定価 4400 円
ISBN978-4-326-54817-0

## 地域研究ハンドブック

行政からの調査協力を上手に得るためには

中野邦彦・本田正美 著

調査の質を上げ、成功させるために必要なこととは。行政から調査協力を取り付ける方法、回答率や調査協力者を増やす方法などを紹介。

A5 判並製 212 頁　定価 2420 円
ISBN978-4-326-60337-4

非正規移民とはぎごちない言葉だが、一般的に使われている選択肢の中では最良の表現だ。非正規移民自体は、慎重に定義する必要がある複雑で多様な概念だ。第一に、非正規移民はさまざまな形態で発生することを認識することが重要だ。非正規移民には、たとえば、国境管理を通らずに入国したり、偽造文書で入国したりするというように、当局による適切な許可を経ずに入国した人々が含まれている。また、非正規移民には、合法的に入国したが、後に、たとえばビザや就労許可が失効した後も滞在を続けたり、偽装結婚や偽装の養子縁組、学生や自営業者を装って不正に滞在を続けたりする無許可の滞在者も含まれている。非正規移民にはさらに、密航業者や人身取引業者の仲介で移住した人々や、庇護制度を意図的に濫用した人々も含まれている。

第二に、非正規移民という概念の適用には、重要な地域的な差異がある。たとえば、EU域外からの入国が厳しく管理されているヨーロッパでは、非正規移民を比較的容易に定義・特定することができる。しかし、サハラ砂漠以南のアフリカ諸国の多くの地域では事情が違い、そこでは国境管理が甘く、いくつもの民族・言語集団が国境をまたいで存在し、遊牧民コミュニティに属する人もおり、出生地や市民権を証明するものを持っていない人も多い。

最後の複雑な問題は、第2章で見たように、移民の地位がしばしば文字通り一夜にして変わることがあるということだ。移民は非正規にある国に入国することができるが、その後でたとえば、庇護申請をするか、または合法化プログラムに参加することによって、地位を合法化することができる。逆に、合法的な移民として入国した後、就労許可なしで働いたり、ビザの期限を超えて不法滞在したりすることで、非正規移民になることもある。たとえば、オーストラリアの多くの非正規移民は、ビザの期限を超えて不法滞在しているイギリス市民（しばしばギャップイヤーの学生）だ。訳注6 庇護申請が拒否され、無許可で滞在を続けている庇護希求者は、非正規移民になる。もっと一般的な話をすると、地球のある地域から別の地域へと長距離の移動をし、たくさんの国を経由して最終的な移住先の国へと渡る国際移民が増えている。一回の移動の間に、関係国のビザ要件に従って、同じ人が非正規移民になったり正規移民になったりすることもある。

## 非正規移民の数

非正規移民の分析は、正確なデータの不足という深刻な課題に直面しているため、その傾向を特定したり、世界各地における非正規移民の規模を比較したりすることが難しい状況にある。データ不足の理由の一つは概念上のもので、すでに見てきたように、非正規移民という言葉は、さまざまな理由で非正規の状況に置かれている人々や、正規の地位から非正規の地位へ、または非正規の地位から正規の地位へと立場が変わる人々を表わしている。

また、方法論にも問題があり、非正規移民の数をカウントすることはほぼ不可能と言える。正規の地位にない人々は、発見されることを恐れて当局に届け出ることを避けようとするため、記録に残らない。大部分の非正規移民は記録されないという点について、たいていの観察者の意見が一致している。非正規移民の数を推定するために、さまざまな方法が試みられてきた。一部の国では定期的にアムネスティ〔非正規移民の正規化〕が宣言されているため、法的許可なしで居住や不法就労している外国人は、それによって地位を合法化することができる。また、非正規移民に関する直接的な調査が試みられてきたが、その結果にアクセスすることは難しい。情報ソースの異なるいくつかの移民データや人口データを比較して、非正規移民で説明できる可能性のある食い違いに注目してみることは可能だ。また、雇用主に対する調査から、法的地位を持たない外国人労働者を間接的に明らかにするという方法もある。

強制退去処分を受けた者を除いて、本国に戻った非正規移民の数を算定することはできない。すべての非正規移民が永久に滞在を続けると考えるのは間違いだということが、研究で明らかになっている。多くの非正規移民は、たとえば、家を建てるためや子どもの教育、借金の返済のためにお金を稼ぐといった明確な目的（普通は経済的な目的）のためにやってきているのだ。

そもそもそれらの限定的なデータにアクセスできるのかという問題もある。多くの国では、このようなデータは、法執行機関によって収集されており、公的に入手することは不可能だ。また、移民の地位の非正規性を明らかにすることができる情報やデータが、政府機関や警察、職業安定所などの複数の機関にばらばらになっていることも多い。データ収集に関する国際協力は、さらにやっかいだ。非正規移民に関する世界的な傾向やその数についての信頼できる情報源はなく、利用可能

訳注6　大学に進む前の一年間、旅行・アルバイト・ボランティア活動など学業以外の活動をする期間。

な情報源も包括的なものではない。

しかし、国際移民の数が増える中で、非正規移民の割合も増加しているというコンセンサスがある。非正規移民に関するほとんどの推計は、国家レベルのものだ。たとえば、アメリカには推定一一〇〇万人の非正規移民がおり、この数は同国の外国生まれの人口の約三分の一を占めている。これらの非正規移民の半数がメキシコ人で、実際、ある推計によると、アメリカ在住のメキシコ人の約半数に相当する五〇〇万人が非正規移民だという。また、ロシアには三五〇万人から五〇〇万人の非正規移民がいるという推計もあるが、彼らは主に独立国家共同体（ＣＩＳ）や東南アジア出身だ。さらに、今日インドには、なんと二〇〇〇万人の非正規移民が住んでいると見られている。

その他の推定は、地域規模または世界規模で出されている。経済協力開発機構（ＯＥＣＤ）の推定によると、ヨーロッパの移民の一〇パーセントに当たる少なくとも五〇〇万人が非正規移民であり、さらに五〇万人の非正規移民が毎年ヨーロッパにやってきているとされている。アフリカと中南米の移民の五〇パーセント以上も、非正規移民と見られている。国際移民政策開発センター（ＩＣＭＰＤ）の推定では、総じて二五〇万人から四〇〇万人の移民が毎年無許可で国境を越えて移動しているとされている。ただし、公表されている数字にはかなりのばらつきがあり、情報源が違うと相当な食い違いが見られる場合もある。

数字に信頼性がないとはいうものの、これらの数字が重要であることに異論はない。これらの数字に疑念が生じることは容易に見てとれるが、それでも非正規移民を適切な文脈の中に位置づけることが重要だ。大部分の国で、非正規移民については、その数値上の重要性よりも政治的重要性がまさっている。最も極端な推計でも、非正規移民は世界全体の移民の五〇パーセントを超えることはなく、ＥＵ全体とほとんどのＥＵ加盟国では、非正規移民が占める割合はおそらくわずか一〇パーセントにすぎない。イギリスの例がこれをよく表わしている。イギリスに入国する非正規移民の数に関する推定にはばらつきがあるが、その中で最も高い値を示す推定でも、イギリスへの正規の移民と比べて相対的に低い値を示している。たとえば、十二万人の留学生が毎年イギリスに入国し、さらに二〇万人が合法的な就労を目的としてイギリスに入国している。

「フロー」と「ストック」を区別することも重要だ。非正規移民のストックに関する推計はほとんどなく、たとえば、非正規移民の数に関する公式の推計を発表しているＥＵ加盟国はないのが現実だ。しかし、大部分の国で既存の移民の数が新しい移民の数を上回っていることは間違いない。世界中の大部分の非正規移民がすでに移住先の国にいる。これらの非正規移民はしばしば仕事を見つけ、住む家を持ち、子どもを学校に通わせている。言い換えれば、彼らはすでに私達が住んでいる社会の一部になっているのだ。

## 非正規移民の課題

政治やメディアの言説の中で、非正規移民はしばしば国家主権に対する脅威だと言われることが

**写真6　メキシコのティファナのアメリカとの国境沿いに並んでいる移民**（Clive Shirley/Panos Pictures）

ある（写真6を参照）。簡単に言えば、国家には国境を越えてやってくる人々を管理する主権があり、この国境管理を崩すことによって、非正規移民は主権を侵害するという議論だ。その結果、完全な主権を取り戻すためには、非正規移民をなくさなければならないということになる。さらに極端な主張では、非正規移民は国家の安全保障に対する脅威だとみなされている。具体的に言うと、非正規移民とその庇護申請がテロリストの入国を許す経路となる恐れがあると指摘されている。近年の関連する議論が非常に繊細な意味合いを含んでいることを考えると、このような扇情的な主張については、きわめて慎重な分析が必要だ。

第一に、非正規移民の数について考えることが重要だ。非正規移民が国家主権を脅かすという議論は、国家が圧倒的な数の非正規移民に圧倒されているという認識、もしくはその危険性があるという認識に基づくものである。しかし、実際には、大部分の国において、非正規移民は移民全体のほんのわずかの割合を占めるにすぎない。

第二に、非正規移民は何の証拠もないにもかかわらず、悪いことを企んでいると決めつけられることがよくある。その中でも、非正規移民は違法行為を行っているのではないかという疑念と、非正規移民はとくにＨＩＶ／エイズなどの感染症に罹患しているのではないかという疑念が代表的なものだが、これはひどい一般化だ。一部の非正規移民（と庇護希求者）は実際、犯罪者であり、また、たとえば、長期間の通過滞在中に感染症を広めている場合もあるが、大部分の非正規移民はそんなことはない。証拠もないのに誤った認識を持つことで、非正規移民全体を犯罪者として悪者扱いすることになる。その結果、非正規移民を非合法な状態に身を置いたままにすることにつながりかねない。そうなると、本当に犯罪者であるために起訴されるべき非正規移民や、本当に病気のため治療を必要としている非正規移民を見逃してしまうことにもなる。

テロリズムにばかり注目が集まることで、非正規移民に関連した他の同様に喫緊の課題――国家、社会、そして移民自身にとっての課題――がしばしば見逃されている。非正規移民が国家の安全保障の脅威となりうるのは事実だが、テロや暴力とは関係のない者が多い。汚職や組織犯罪と関わりを持っている場合に、非正規移民は公的な安全を脅かす存在となる。とくに、密航業者や人身取引業者が違法な入国を手助けしたり、犯罪集団が移民の到着後に強制的に働かせようとしたりする場合が、そうである。

非正規移民は、移住先の国の人々の間に排外感情を生むこともある。この排外感情がしばしば非正規移民だけでなく、すでにそこに定住している移民や難民、少数民族に対しても向けられることは、さらに重要な問題だ。この問題がメディアで大きく報道されると、非正規移民の存在が、国家の移民・庇護政策の一体性やその効果に対する公的な信頼を損なわせることにもなりかねない。そのため、非正規移民は正規移民の受け入れを進める政府の能力にも影響を与えるのだ。政府の統制能力に対する市民の評価の重要性を過小評価してはならない。非正規移民が存在するとしたら、さらなる移民が必要な理由を有権者が問うことは合理的なことだ。

非正規移民が国家の安全保障を脅かす恐れがあることは、その関連性が複雑とはいえ、明らかだ。しかし、同様に、非正規移民が彼ら自身の人間の安全保障を毀損しかねないのもまた事実だ。非正規移民が移民自身にもたらす悪影響はしばしば過小評価されがちだ。非正規移民は移民の生命を危険にさらす恐れがある。実際、二〇一五年には、EU各国を目指した多くの人々が亡くなっている。国際移住についてよく知られていない事柄の一つは、本国を出発したものの、目的の移住先の国にたどり着くことができずにいる人々がどのくらいいるのかということと、彼らが通過国でどんな境遇に置かれているかということだ。

非正規移民のかなりの割合を女性が占めている。女性はジェンダーによる差別に直面するため、女性の非正規移民はしばしばインフォーマルセクターの最も単純な雑用仕事をせざるをえない立場に置かれている。このようなことは人権侵害にもなりうるため、一部の識者は、現代の人身取引を奴隷貿易と並べて考えている。女性はとくに、エイズ／ＨＩＶなどの健康上の危険にさらされやすい立場にある。もっと一般的に言うと、ある国に無許可で入国または滞在している人々は、経営者や地主によって搾取される危険にさらされることがよくある。しかも、非正規移民であるため、移住先の国に到着してすぐに持っている技能や経験を最大限に活用することができないのが普通だ。

非正規移民は逮捕や強制送還を恐れているため、当局による救済をあまり求めたがらない場合が多い。その結果、たとえば、緊急医療といった非正規移民も受けられる公共サービスを必ずしも利用するとは限らない。また、ほとんどの国で、非正規移民は、市民や正規移民に与えられているさまざまなサービスを受けることを禁じられている。そのような状況の中で、すでに困難な課題に対処しているＮＧＯや宗教団体などの市民社会の組織が、時には法律に反してでも非正規移民を支援せざるをえないこともある。

非正規移民はとくに感情的になりやすい問題であり、この問題をめぐっては意見が二極化しやすい傾向がある。国境管理や国家の安全保障に懸念を持つ人たちは、しばしば移民の人権に主に関心を持っている人たちから反発を受けている（写真7を参照）。そのため、非正規移民が生じる原因とその結果、また非正規移民に対する最も効果的な対処法に関する客観的な議論を促すのが、もう一つの課題といえる。

写真7　北フランスの町フレタンでフェンスを乗り越えようとしている移民。英仏海峡トンネルを抜けてイギリスに向かう貨物列車に乗り込もうとしている（Pascal Rossignol/Reuters/Corbis）。

郵便はがき

恐縮ですが
切手をお貼
りください

112-0005

東京都文京区
水道二丁目一番一号

勁草書房
愛読者カード係行

---

(弊社へのご意見・ご要望などお知らせください)

・本カードをお送りいただいた方に「総合図書目録」をお送りいたします。
・HP を開いております。ご利用ください。http://www.keisoshobo.co.jp
・裏面の「書籍注文書」を弊社刊行図書のご注文にご利用ください。ご指定の書店様
至急お送り致します。書店様から入荷のご連絡を差し上げますので、連絡先(ご住所
お電話番号)を明記してください。
・代金引換えの宅配便でお届けする方法もございます。代金は現品と引換えにお支
いください。送料は全国一律100円(ただし書籍代金の合計額(税込)が1,000
以上で無料)になります。別途手数料が一回のご注文につき一律200円かかりま
(2013年7月改訂)。

# 愛読者カード

65429-1　C3036

書名　移民をどう考えるか

名前《りがな》　　　　　　　　　　　（　　　歳）

ご職業

住所　〒　　　　　　　　　　お電話（　　　）　　―

書を何でお知りになりましたか

店店頭（　　　　　　書店）／新聞広告（　　　　　新聞）

録、書評、チラシ、HP、その他（　　　　　　　　　　）

書についてご意見・ご感想をお聞かせください。なお、一部をHPをはじ

広告媒体に掲載させていただくことがございます。ご了承ください。

## ◇書籍注文書◇

寄りご指定書店

市　　町（区）

書店

| | | | |
|---|---|---|---|
| （書名） | ￥ | （　　　） | 部 |
| （書名） | ￥ | （　　　） | 部 |
| （書名） | ￥ | （　　　） | 部 |
| （書名） | ￥ | （　　　） | 部 |

ご記入いただいた個人情報につきましては、弊社からお客様へのご案内以外には使用いたしません。詳しくは弊社HPのプライバシーポリシーをご覧ください。

## 人身取引と移民の密航

人身取引と移民の密航は、たぶん世界の非正規移民全体のほんのわずかの部分を占めるにすぎないと思われるが、最近注目されているテーマであるため、本節でこの問題を取り上げてみたい。本節では、次の四つの問題について見ていく。人身取引と移民の密航とは何か？　その規模は？　それにかかる費用は？　移民自身にどんな影響があるのか？

人身取引と移民の密航については、政策立案者や研究者でも混同しがちだが、この二つの概念は法的に区別されている。人身取引について、「国際組織犯罪防止条約人身取引議定書」（二〇〇〇年制定）では、次のように定義されている。

人身取引とは、搾取の目的で、暴力その他の形態の強制力による脅迫若しくはその行使、誘拐、詐欺、欺もう、権力の濫用若しくはぜい弱な立場に乗ずること又は他の者を支配下に置く者の同意を得る目的で行われる金銭若しくは利益の授受の手段を用いて、人を獲得し、輸送し、引き渡し、蔵匿し、又は収受することをいう。

売春や性取引を目的とした女性――時には子ども――の人身取引に対する注目は最も大きい。人身取引について調べることは難しいが、国際移住機関（ＩＯＭ）の調査によると、人身取引の典型的な例は、若い女性に国外で働く機会を約束するというものだ。その際、女性は働き始めてから分割で支払う返済額に同意する。ところが、多くの場合、女性は移住先の国へ違法に連れていかれ、気がついた時には売春婦として働かされ、収入のほぼ全額を人身取引業者に搾取されるのだ。若い女性と子どもが本国から誘拐されて、意思に反して輸送されるという報告も出されている。実際、人身取引を現代の奴隷制だと考えている人もいる。

移民の密航は次のように定義されている。「直接的又は間接的に財政的又はその他の物理的利益を得るために、人が国家に又は恒久的な居住民ではない国家に違法に入国するのを斡旋すること」。人身取引とは対照的に、移民の密航は概して、自発的なもので、移民を希望する者やその家族が密航業者に金銭を支払って違法に移住先の国への渡航を取り計らってもらうというものだ。移民が移住先の国に到着した時点で、通常は密航業者とのつながりは切れ、人身取引の被害者のように搾取され続けることはない。

実際には、人身取引と密航の境界は曖昧で、とくに移住する前に密航業者に金銭を支払うのではなく、密航業者に借金をして移住先の国に到着した場合に、そういう曖昧な状況が生まれる。こういうやり方をすると、搾取される可能性が生まれる。

非正規移民がより一般的であるとしても、それが人身取引によるものなのか、それとも移民の密航によるものなのかを正確に算定することは不可能だ。公表されている数字は通常、密航または人身取引されたことが明らかになった人々か、またはそう認めている人々を表わしている。ここで問題なのは、人身取引や密航の対象となった人々の実際の割合が不明であることだ。多くの人々が当局には知られていないと考えるのが妥当だ。

国際労働機関（ＩＬＯ）によると、世界には人身取引の被害に遭った人々が約二一〇〇万人おり、そのうち子どもが五五〇万人いるという。犠牲者の五〇パーセント以上がアジア太平洋地域に集中しており、続いてアフリカと中南米となっている。人身取引の犠牲者では、先進国とＥＵが一五〇万人を占めている。ＩＬＯの推計では、人身取引によって年間一五〇〇億米ドルが生み出されているという。

人身取引がその犠牲となる人々に悪影響を及ぼしているのは明らかだ。人身取引は移民を容赦なく搾取している。人身取引の犠牲者は、自分が従事する活動を自分で選ぶ自由を持っていない。犠牲者はしばしば低賃金で不安定、劣悪な強制労働を課されており、そこから抜け出すことができず、わずかな報酬を与えられるか、または無報酬で働かされている。近年、女性の人身取引が注目されているが、男性と子どもも人身取引の犠牲者となっていることにも注目することが重要だ。両親と離れ離れになった非正規移民の子どもは、とくに弱い立場にあり、人身取引によって性産業に従事させられる可能性がある。

ここからは移民の密航について見ていくが、筆者が関わっていたユニバーシティ・カレッジ・ロンドンの移民研究ユニットの研究では、移民の密航にかかる世界全体の費用を推計しようと試みた。

**表2　移民の密航にかかる費用**

| 経路 | 平均費用（米ドル） |
|---|---|
| アジア・両米大陸間 | 26,041 |
| ヨーロッパ・アジア間 | 16,462 |
| アジア・南洋州間 | 14,011 |
| アジア・アジア間 | 12,240 |
| アジア・ヨーロッパ間 | 9,374 |
| ヨーロッパ・南洋州間 | 7,400 |
| アフリカ・ヨーロッパ間 | 6,533 |
| ヨーロッパ・両米大陸間 | 6,389 |
| 両米大陸・ヨーロッパ間 | 4,528 |
| 両米大陸・両米大陸間 | 2,984 |
| ヨーロッパ・ヨーロッパ間 | 2,708 |
| アフリカ・両米大陸間 | 2,200 |
| アフリカ・南洋州間 | 1,951 |
| アフリカ・アフリカ間 | 203 |

この研究では、移民に請求された費用が報告されている六〇〇件以上の情報源を洗い出している。これは問題に満ちた作業であることは当然で、その結果はあくまでも推定にすぎないが、興味深い結果が出ている（表2を参照）。

ここでの議論の目的として、三つの論点を強調しておきたい。一つ目の論点は、密航業者や人身取引業者がいったいいくらの代行料金を請求することができるかだ。アジアから両米大陸までの渡航に関して報告されている平均費用は二万六〇〇〇米ドル以上だが、ここで注意しなければならないのは、これは密航業者に金銭を払う余裕のある比較的裕福な人々の話であるという点だ。二万六〇〇〇米ドルは、たとえば、アジアと両米大陸を渡る移民の多くについて報告されているパキスタンなどの国では、かなり巨額の金額と言える。

二つ目の論点は、費用の幅が大きいことだ。最も低い金額では、アフリカの国境を越えて移民する場合、密航代金は二〇三米ドルだが、これでも、第3章で見た各国の所得水準からすればかなりの金額と言える。報告されているいくつかの事例においては、アフリカの国家間の密航費用は、現金ではなく、たとえば、米などの現物での支払いとなっていた。表2からわかる最後の事実として、密航が世界的な現象であり、単に南から北への移動にとどまらないということだ。

これまでの移民の密航にかかった費用に関する報告を見ることによって、本研究は、それが増えているのか、それとも減っているのかに注目してきた。移民の主な経路に違いはあるが、全体的な印象として、費用は徐々に下がりつつあると言える。その理由として、移民の密航ビジネスにおける競争の激化によって、密航業者同士でたえず費用を下げ合い、より多くの顧客を集めるために手法を工夫しているようだということが考えられる（「Ｂｏｘ７」を参照）。

移民の密航費用に関する本研究の最後の論点は、費用の主な決定要因は何かという問題だ。一つは渡航距離で、渡航する距離が長ければ長いほど、費用がかかるということだ。また、輸送形式によっても費用は変わってくる。空路のほうが海路よりも費用がかかり、海路のほうが陸路よりも費用がかかる。また、密航費用の主な決定要因として、渡航人数もある。同時に何人も渡航する場合、一人一人に請求する費用は安くなる。

移民の密航には、移民自身にとってのリスクもある。密航業者は、ある場所から別の場所への密航に対して数千ドルを請求することができるが、必ずしも移民にどこへ連れていくのかを事前に知らせるというわけではない。移民の密航業者が用いる輸送手段は危険を伴うものであることが多く、そのような手段で移住する人々は、途中で密航業者に見捨てられ、支払った額に見合うような渡航

**Box 7　移民の密航ビジネス**

筆者は過去十年間にわたって、アフガニスタンとパキスタンの移民密航業者にインタビューしてきた。その結果、年々移民に請求する金額が変化しているのと同時に、密航料金の受け取り方法も変わってきていることがわかった。約十年前には、移民の密航業者は、密航料金の支払いは全額前払いを要求していた。しかし、移民の側から見たら、密航業者がお金だけ持って、密航前に姿を消してしまうのではないかという懸念があった。そこで、このような懸念に応えて、一部の密航業者はやり方を変えて、密航前には手付金だけを要求し、残りは移住先の国に無事到着してから支払えばいいという方法を取るようになった。ただ問題は、移住先の国に到着した後で、密航業者に借金しているために搾取される移民も現われるということだった。現在では、密航業者が顧客の懸念と要求に再度応えている。密航代は全額前払いとするが、手付金を密航業者に直接支払うのではなく、第三者に委ねるというやり方を取るようになった。移民が移住先の国に無事到着したことが確認できた後で、金銭が密航業者に支払われるという仕組みであり、金銭的保証のついた密航となっている。

を完了することができなくなる可能性もある（「Box 8」を参照）。密航業者を利用しながらも、多くの移民が海で溺れたり、密閉された容器の中で窒息死したりする事例があり、場合によっては、輸送中にレイプや不当な扱いの犠牲者となることもある。

**Box 8　2003年にアフガニスタンの首都カブールで行ったスレイマニへのインタビュー**

「初めて密航業者を利用して国外に出た時には、空路でドゥシャンベ〔タジキスタンの首都〕まで出て、そこから陸路でモスクワまで行こうと計画していました。最初の段階は上手くいきました。カラチからパキスタンの偽造パスポートで搭乗し、上手くいきました。空港まで一緒だった業者は、ドゥシャンベの空港でもうひとり、ナフィという名の代理人と落ち合うことになると言っていました。ところが、ドゥシャンベに到着すると、飛行機を降りた瞬間に私は逮捕されました。それから4週間、アフガニスタン人の不法移民たちと一緒に収監され、尋問・殴打され、拷問されて脅されました。それから1か月後に、はっきりとした理由はわかりませんが、ある夜、独房から出され、車でドゥシャンベの空港まで連れていかれました。そこでナフィが私を待っていました。ナフィの説明によると、カラチ発の飛行機にはほかにも50人の不法移民が乗っており、その不法移民たちの渡航はパキスタンの別の複数の業者が手配したものだと説明しました。そのうちのひとつの業者が、ドゥシャンベの空港の移民局職員に賄賂を渡していなかったため、その業者の顧客と誤解された人々が逮捕されました。私も身元を誤解されて逮捕されました」。

第6章

# 難民と庇護希求者

庇護希求者とは、国際的な庇護を申請した人を指す言葉で、大部分の庇護希求者は、庇護を求めている国に到着してすぐ、庇護申請する。ただ、庇護を求めている国の国外、たとえばその国の大使館や領事館でも庇護申請は可能だ。庇護申請は、一九五一年難民条約（難民の地位に関する条約）の基準に従って審査されるが、その詳細については次節で見ていくことにする。申請が認められると、難民の地位が与えられ、難民となる。逆に、申請が認められない場合には、通常上訴することができるが、上訴が却下された場合には、その国を出ていかなければならなくなる。ヨーロッパと北米には、通常、例外的な永住許可（Exceptional Leave to Remain, ＥＬＲ）と呼ばれるこれ以外のさまざまな地位があり、そこには、難民ではないが、本国に戻ることもできない人々が含まれている。

## 国際的な難民制度

国際的な難民制度は、難民を定義し、難民の権利および義務を決定する一連の法律と、必ずしも法的拘束力はないが、国家が従うものとされている一連の基準で構成されている。この制度は、多くの機関によって履行・監視されている。

きわめて重要なのが、一九五一年難民条約（難民の地位に関する条約）だ。同条約における難民の定義は、「人種、宗教、国籍もしくは特定の社会的集団の構成員であることまたは政治的意見を理由に迫害を受けるおそれがあるという十分に理由のある恐怖を有するために、国籍国の外にいる者」となっている（写真8を参照）。この基本的な定義はアフリカと中南米の両方では合意に多少の違いが見られるものの、基本的に全世界で適用されている。

この定義に関するいくつかの側面がさまざまな議論を引き起こしてきた。第一に、この条約は六〇年以上前に書かれた時代遅れのものであるという点に注目したい。この難民の定義は、当時は適切だったかもしれないが、現代の世界では難民の現実にもはや対応した内容になっていないと多く評されている。たとえば、同条約は国家による迫害に焦点を当てており、その理由は、主にナチス支配下のドイツによって迫害されていた人々を保護する目的で書かれたものだった。冷戦時代には、この定義は、とくに共産主義から逃れてきた人々に適用される場合に、政治的な目的を果たしてい

**写真８　移動するルワンダ難民**（© Sueddeutsche Zeitung Photo/Alamy Stock Photo）

た。しかし現在の世界で多いのは、難民が特定の政治的迫害ではなく、一般的な紛争の危険から逃れるという状況だ。

また、同条約は性別やセクシャリティに基づいて迫害されている人々を明確に対象としているわけではない。今日このことがいかに重要かを理解するためには、アフガニスタンのタリバン政権下で女性や同性愛者が経験したことを考えればわかるだろう。同条約はまた、もっと広義の環境問題に起因する現象、たとえば、津波や地震への対応といった目的で逃げてくる人々も対象としていない。しかし、このような危険から逃れることは政治的な失策を示す兆候だというもっともな議論がある。それはたとえば、その国の政府がこのような危険を予測したり、またはその影響を低減しそれに備えたり、またはそういった災害の直後に十分な住居や保護を提供することができなかったということを意味する。この意味で、このような人々は難民の定義に当てはまるかもしれないのだ。

第三の論点として、同定義に当てはまるのが自国の外にいる者だけだという問題がある。しかし、実際には、故郷を逃れてきたものの、国外に出ることができないという人々も非常に多く、このような人々は通常、国内避難民（ＩＤＰｓ）と呼ばれている。ＩＤＰｓは難民以上に脆弱な立場に置かれているという十分な論拠もある。実際、ＩＤＰｓは国外に出る方法がないため、迫害から逃れることができないにもかかわらず、難民のように国際的な制度のもとで保護されてはいないのだ。このような限界がある中でも、一九五一年難民条約は擁護されるべきだと主張する識者もいる。その第一の理由は、同条約が保護を必要として国外にいる大部分の人々を対象としているということであり、この条文のはざまに陥る人は相対的にほとんどいないとするためだ。第二に、同条約の履行に責任を負っている国連難民高等弁務官事務所（ＵＮＨＣＲ）が難民の定義を拡大し、ＩＤＰｓや自然災害から逃れてきた人々を含めることで、現状では排除されながらも、明らかに保護を必要としている人々を実質的に対象にしようとしている。第三に、世界の約一六〇か国が同条約に調印しており、大部分の識者が、多くの国が条約の改定や新たな条約に調印する可能性は低いという点で意見が一致しているためである。

一連の規範も国家の難民への対応を決定づけている。これらの基準は、一九五一年難民条約やその他の法的手段（一九四八年の世界人権宣言など）、または法的拘束力はないものの、広く適用される慣習法や合意から派生したものだ。これらの規範の中でも主なものは、以下のようなものだ。自国を出る権利、他国の領土に入る権利、非政治的な措置として提供される庇護、難民を本国に強制的に送還してはならないという原則（ノン・ルフールマン原則）、難民に対して完全な経済的・社会的な権利を拡大すべきだという原則、国家は難民に対して永続的な解決策を提供する努力義務を負っているという原則。一方で、難民の側も、主に庇護を提供する国の法律に従う義務を負っている。

一九五一年難民条約はＵＮＨＣＲによって擁護、履行、監視されている。ジル・ロエッシャーの著書『ＵＮＨＣＲと世界政治（*The UNHCR and World Politics*）』には、ＵＮＣＨＲと国際的な難民制度がいかにして発展してきたかについて興味深い概説が展開されている。同著には、ゲリット・ジャン・ヴァン・ハーベン・グートハートが一九五一年に初代国連難民高等弁務官に任命された際に、「空き部屋を三つと秘書一人を与えられ」、たった三年間の弱い権限しか与えられず、ほぼまったく予算がなかったことが記述されている。これとは対照的に、二〇一五年現在の第十代国連難民高等弁務官のアントニオ・グテーレスは、年間七〇億米ドル以上の予算、約六〇〇〇人の職員、そして間違いなくＵＮＨＣＲが世界を主導する人道組織と言えるくらいの権限を持って組織を指揮している。

今日ＵＮＨＣＲは、絶え間ない資金危機に直面している。ＵＮＨＣＲは他の一部の国連機関とは違い、国連の中心基金から最低限の分配金を受け取っているにすぎないものの、一方では、年間予算を増やすことが求められている。ＵＮＨＣＲは、数少ない主要な資金提供国に依存する傾向が強く、中でもアメリカ、ＥＵ、スウェーデン、日本、オランダ、イギリスへの依存度が高い。ＵＮＨＣＲの財政危機は、難民以外にも他の懸念される人々の保護へ活動範囲を広げたことで、よりいっそう深刻なものとなっている。

国連外の機関である国際移住機関（ＩＯＭ）も、国際的な難民制度における重要な組織である。ＩＯＭは、とくに難民の輸送などのロジスティクス部門に対して主な責任を負っている。ＵＮＨＣＲとＩＯＭの活動を支えているのが数多くのＮＧＯで、これらのＮＧＯは、難民キャンプの管理や食糧の分配、医療や教育などの分野に直接的な責任を担っている。

## 難民の世界的な分布

難民の世界的な分布は、国際的な難民制度が履行されるようになって以来、大幅に変化している。初期の課題は、ナチスドイツの迫害と占領下のヨーロッパから逃れてきた人々のために解決策を見出すことだった。これらの人々の多くは、最終的にはアメリカに移住した。ＵＮＨＣＲと一九五一年難民条約は当初、限られた期間だけ機能し、初期の活動が無事終了したら停止する予定だったが、その後もさまざまな出来事が発生した。一九六〇年代には、主に脱植民地政策の結果、大規模な新たな難民の流れがアフリカで生まれた。これらの難民の多くは、近隣のアフリカ諸国に永続的に移住した。一九七〇年代になると、一九七一年のバングラデシュの建国、またベトナムやインドシナでの戦争の結果、難民制度の地理的な焦点は再び、南アジアと東南アジアに移行した。これらの難民の一部は最終的にはヨーロッパに移住し、一九八〇年代には、中米が一時的に主な地理的重点地域となった。

一九九〇年代について特筆すべきことは、難民が先進国と発展途上国の両方で同時に発生したことである。一九九〇年代の大きな難民の流れは、ボスニア、コソボ、旧ソ連、アフリカの角、ルワンダ、イラク、アフガニスタン、東ティモールで同時に発生した。それと同時に、モザンビークとナミビアで、また一九九〇年代の末にはアフガニスタンとボスニアで、大規模な難民の帰還が見られた。さらに、先進国での庇護を求めて大量の難民が自らの居住地域の外へと移住を始めるという初めての現象も見られた。第二次世界大戦の末期に主にヨーロッパの問題として始まったことが、大変な複雑さを伴ってまさに地球規模での現象となったのだ。

本書の初版では、世界の難民の数は二五年間で最も低い数字を示していると書いたが、現在では、少なくとも過去五〇年間で最も高い数字を示している。二〇一四年にＵＮＨＣＲは、世界には約二〇〇〇万人の移民がいると報告しているが、この数字はとくに二〇一五年のシリア危機の結果、確実に増えている。二〇一四年の難民の出身国のうち最も重要な国は、シリア、アフガニスタン、ソマリアで、一方、最も重要な受け入れ国は、トルコ、パキスタン、レバノンだった。全体として、発展途上地域が二〇一四年の世界の難民の八六パーセントを受け入れている。このような難民の劇的な増加の理由は、シリア、アフガニスタン、北アフリカで立て続けに危機が発生したことに加え、自国への帰還を果たすことができた人々の数が急激に減っていることにある。二〇一四年に本国に帰還した難民は、わずか十二万人で、この数字は一九八三年以来、最も低い数字だ。全世界の難民二〇〇〇万人に加えて、UNHCRは二〇一四年に、約四〇〇〇万人のIDPsと一八〇万人の庇護希求者がいるという報告を出しており、さらに、国を持たない人々も約一〇〇〇万人に達している。本書の初版に書いた難民の未来に対する慎重な楽観論は、再検討する必要がある。

## 難民の発生の原因

一九五一年の難民条約における難民の定義は、難民が自国を逃れていく理由を説明する上で、迫害という概念を強調している。自国民の特定の人々を積極的に迫害する一部のどう猛な政権が今日の世界に存在することは確かであり、北朝鮮はその一つの事例であることは否定しがたい。しかし、今日の大部分の難民は、国家による直接的な迫害ではなく、紛争から逃れているのが現実だ。難民の発生に関する研究で知られている理論家アリスティド・ゾルベルクの言葉を借りると、難民は、必ずしも迫害から逃れているのではなく、「暴力から逃れている」のである。難民が依然として難民と定義されている理由は、たとえ国家が直接的に迫害してはいないとしても、そのように逃れていく人々を保護し、彼らに市民として当然享受すべき普遍的権利を提供することができていないからである。

本書は現代の戦争に関する広範な文献を見直す場ではないが、この分野で影響力のある学者であるメアリー・カルドーが「新しい戦争」と従来の古い紛争を区別するものとして挙げている特徴について紹介しておきたい。というのも、その特徴こそ、難民の発生に対して重要な意味を持っているからだ。第一に、大部分の人々の戦争に関する直接的な考え方に反して、今日のほぼすべての紛争は、単に国家間ではなく、民族や宗教の違いに沿って国家内部で行われている。一九九八年から二〇〇〇年まで続いたエリトリアとエチオピアの紛争は、例外中の例外といえよう。第二に、戦争は「非公式化」・「民営化」されており、専門の軍隊ではなく、民兵や傭兵集団によって行われる傾向が強くなっている。第三に、これまでの戦争が主に戦闘員を殺すことを目的に行われていたのに対して、今日の戦争は主に民間人を殺すことを目的としている。現代の戦争においては、死傷者の最大で九〇パーセントが民間人であるのに対して、第一次世界大戦ではその割合が約二五パーセントにすぎなかったという推計もある。第四に、とくにアフリカにおいての話だが、現代の紛争は長期化し、再燃しやすい傾向がある。その理由の一つとして、現代の紛争は民族的な分断によるものであることが多く、和平協定後に再燃しやすい。また、兵士の動員解除に失敗することが多いということもある。つまり、豊富に武器が余っている上に、失業し退屈をもてあました攻撃的な若者が何十万人もいることで、戦争が再び起こりやすいのだ。

新しい戦争の最後の特徴は、難民の比率が高まっていることであり、それには三つの理由が考えられる。第一に、人々を家から追い出して難民とすることが戦争の戦略目標となり、時には、戦闘を行っている勢力同士が協力して、特定の人々を強制的に移住させることもある。一九九〇年代にバルカン半島で起こったいわゆる「民族浄化」は、このことを考える上での重要な事例となる。また、現代の兵器はより多くの人をより速く恐怖に陥れる（または殺す）ことができる。そして、最後に、地雷が広範に使われるため、人々は紛争中に自らの住んでいる地域を出ざるをえなくなることが多い。

## 難民の発生がもたらす帰結

難民の発生がもたらす帰結については、非常に多くの学術文献と関連機関による報告書があり、そこで扱われているテーマは、難民キャンプの環境が難民の心理に与える影響から難民の間におけるエイズ／ＨＩＶの蔓延まで多岐にわたっている。このような広範にわたる問題に関する最新データ、研究成果、そして政策に関する情報は、ＵＮＨＣＲのウェブサイト（www.unhcr.org）で見ることができる。さまざまな側面に関するエッセンスを見ていく代わりに、本節では、定住のパターンとプロセス、ジェンダー、支援という三つのテーマについて詳しく見ていくことにする。

これまで、難民キャンプが大きな注目を集めてきたが、難民キャンプをめぐって人々の意見は分かれる傾向がある。この問題に関わる多くの組織や一部の専門家は、難民キャンプは難民を守るた

**Box 9　長引く難民の状況**

長引く難民の状況をめぐってUNHCRの懸念は高まっている。UNHCRはこのような状況を次のように特徴づけている。「難民は、長期にわたる、あらがいがたい苦難にあることに自ら気づいている。難民の生命は危険にさらされてはいないかもしれないが、基本的な権利や経済的、社会的、心理的なニーズは、何年も続く国外生活の中で満たされない状況が続いている。このような状況に置かれた難民はしばしば、外部の支援に依存せざるをえない状態から抜け出すことができなくなっている」。2014年のUNHCRの推定によると、合計して約1100万人の難民が世界の39か所で長期にわたる難民状態にあるとされている。その中で、ネパールのブータン難民、パキスタンとイランのアフガニスタン難民、ケニア、イエメン、エチオピア、ジブチのソマリア難民たちに対して具体的な措置が取られている。

めに不可欠で、支援と教育を提供するための最善の方法だと考えている。しかし、一方で、難民キャンプではしばしば暴力と性的虐待が起こり、難民に依存心を生み出し、また排水による地下水の汚染や森林破壊といった形で現地の環境に有害な影響をもたらしているという指摘もある。キャンプはまた、滞在期間が長引くと——実際に数年（「Ｂｏｘ９」を参照）に及ぶことも多いが——難民に深い心理的な影響ももたらすことがある。

必ずしもすべての難民がキャンプで生活を送るようになるとは限らず、その理由はたぶん少なくとも一部は難民自身に関する問題によるものと思われる。多くの難民は、通常国境近くの村々に「自主的に定住」している。これはとくに、難民が国境を越えたにもかかわらず、定住先と同じ民族集団に属している場合に当てはまる話で、このパターンはアフリカで多く見受けられる。これよりも特定・観察しにくいのが、都市に住んでいる難民で、たとえば、スーダンのハルツームやエジプトのカイロには、それぞれ数十万人の難民が住んでいると推定されている。

キャンプ、自主的定住、都市生活の三つの選択肢すべてを組み合わせた定住戦略を取る難民もいるようだ。若者は都市で働き、女性と子どもはキャンプに残って支援を受けるという形で、難民の家族が別々に暮らすケースもある。また、家族全体で複数の場所を移動し、収入と安全を最大限に確保しようとする場合もある。

難民の人口構成では、男性よりも女性のほうが多い傾向がある。その理由の一つとして、男性のほうが紛争で殺されたり、徴兵されたりすることが多く、また危険の中にあっても家に残って土地や財産を守ったり、仕事を続けたりするということがある。しかし、比較的最近になって、難民の女性に重大な学術的関心が集まるようになっており、最近では、もっぱら難民の女性が直面している課題に注目する傾向が見られるようになってきている。難民の女性は、いら立っている夫やその他の男性による暴力や性的虐待に遭うこともあり、健康上の危険にもさらされている。難民の女性が一方的に介護の責任を負うケースがあり、とくに女性が一家の稼ぎ手である家庭では、その傾向が強い。難民の女性は食事の世話もしており、そのために離れた場所まで歩いていって、焚き木などを拾い集めなければならない。

スーザン・フォーブズ・マルティンの著書『難民女性（*Refugee Women*）』は、とくに難民の女性に焦点を当てた本だが、女性がしばしば難民の定住先で最も機転がきき、行動力に富んだ存在であることを強調している。実際、この本の影響によって、とくにＵＮＨＣＲが難民女性の問題に対する向き合い方を変えたとされている。実際可能な場合には、女性に直接食糧などを分配することが好ましいと現在ではおおむね考えられており、難民の女性は難民のコミュニティの中で仲間の教育係としての訓練を受けていることも多い。国際移住は、女性（難民を含む）に力を与えるプロセスとされており、そのため一つ懸念されるのは、女性が帰国して伝統的な家父長制の社会に戻ったら、力を失ってしまうということである。

難民支援に関する重要な議論は、難民へ支援をすべきか否か、するとしたらいつどのようにすべきなのかという問題だ。この議論に関する重要な著作として、間違いなくバーバラ・ハレル・ボンドの『押しつけ援助（*Imposing Aid*）』を挙げることができる。この本は、難民に関する研究において影響力のある本だ。彼女の挙げる事例は誇張されすぎていると考えている人たちも多いが、彼女は難民キャンプにおける支援体制について、説得力のある厳しい批判を展開している。たとえば、支援はもはや必要ではない場合もあり、その場合、支援がかえって依存を生み出すこともあることや、食糧支援が大部分の人々に不快感を与えるにもかかわらず行われるといった不適切な支援があること、難民の男性が支援を現金に換えて他の活動の資金として使ってしまったために、家族に食糧を届けることができなかったケースなどがあるため、男性が支援の受け手として必ずしも最良とは言えないといったことを挙げている。

## しっかりとした解決策

難民には、三つのいわゆるしっかりとした解決策がある。しかし、それぞれに問題を抱えており、現在のところいずれもうまく機能しておらず、それは、難民の数が増加し、難民状態が長引き、本国への帰還が滞っている現状を見れば、よくわかる。

その中でも最善とされる解決策は、難民の本国への自主的な帰還だ。ここでまず重要なのが、「自主的」という部分を強調することだ。ノン・ルフールマン原則は難民保護における中心的な原則だが、本国が安全になる前の段階で難民が意思に反して送還される場合もある。また、本国への送還に伴って、本国の定義が問題になることもある。たとえば、国内の出身地域はまだ安全ではないにもかかわらず、同国内の安全な別の地域に難民を帰還させることは適切だと言えるだろうか。この問いに対して、UNHCRは不適切だと考えているが、適切だと考える国が増えている。

難民の本国送還において知られていないのが、本国に帰ったらどうなるのかという問題だ。UNHCRは一部の帰還難民に支援を拡大しているにもかかわらず、一九五一年難民条約の規定では、難民は本国の国境を越えた時点で、もはや特別な保護や支援を受ける資格を失ってしまう。このような人々が直面する可能性のある障害を過小評価すべきではない。彼らは普通、本国に帰っても依るべき仕事を持っていないのだ。彼らの家も土地も、不在の間に誰か他の人に占拠されていることが多く、破壊されたり、地雷を仕掛けられたりしている場合もある。道路や学校、病院といったインフラが破壊されていることもよくある。彼らは復員兵のいやがらせに遭うこともあり、国を出なかった人々の嫉妬と憤慨にさらされることもある。また、とくに女性と子どもは、コミュニティで失った立場と折り合いをつけなければならない心理的な課題に直面する。

二つ目の解決策は、難民の定住先の社会への統合だ。一九六〇年代と一九七〇年代には、これはとくにアフリカにおいてはかなり一般的な解決策だった。すでに示唆されてきたように、これは、しばしば難民が国境を越えたけれども、自身の民族集団の中にとどまった場合に妥当する。くわえて、当時はこうした人々の数は比較的少なかったこともあり、現地に定住することはあまり問題にならなかったのである。実際、タンザニアなどでは、難民が村や町に定住することによって、現地の経済に貢献してきたのだ。

しかし、今日のアフリカでは、受け入れ国の政府が難民に対して敵対的な姿勢を取ることが多くなっているため、難民の現地への統合が以前ほど一般的ではないのが現状だ。その理由の一つが難民の数の増加であり、また、難民が土地や仕事をめぐる競争や環境破壊などの問題を持ち込んでくることも多くなっているためだ。アフリカをはじめとした発展途上国では、難民には本国の安全が確保された時点で本国に帰ってもらいたいという期待が大きくなっている。

これとは対照的に、先進国においては、難民には伝統的に永住権が与えられてきた。法的にみれば、難民は可能な場合に本国に帰還することができると見られているものの、実際には、たとえばヨーロッパにいる難民はすべてヨーロッパに永住することを選んでいる。イギリスでは、難民は難民の地位を得てから七年後にイギリス市民権を申請することができる。

しっかりとした解決策の最後は、第三国定住である。これは、通常はキャンプ出身の難民が別の国に恒久的に定住するプロセスを指す言葉であり、定住国は先進国である場合がほとんどだ。アメリカ、オーストラリア、カナダに定住するのが最も多い。難民の第三国定住は、一九七〇年代から一九八〇年代にかけてヨーロッパで非常に一般的だった。当時、ベトナムからの多くの「ボートピープル」やチリのピノチェト政権下で発生した難民がヨーロッパに渡ったのだ。しかし、今日のヨーロッパにおける定住の割当枠は大きく不足している。問題は、現在、シリア難民危機への対応として、第三国定住が再び議論されているにもかかわらず、ヨーロッパの一部の地域で庇護希求者や難民をめぐって懸念が持たれており、大規模な第三国定住は政治的に可能な選択肢とはなっていないことである。

## 先進国における庇護

庇護希求者の増加が、とくにヨーロッパを中心として先進国で政治的な議題の上位に掲げられており、メディアの一部や時に公的な場でも、差し迫った危機と捉えられている（写真9を参照）。あるいは、この危機が誇張されすぎていると主張することも可能だが、また一方では、先進国における難民の庇護に関連しては、グローバルにみても、とくに注目されるべき重要ないくつもの課題があるのも事実である。

とくにヨーロッパでは、一九九二年にヨーロッパにやってくる庇護希求者の数が約七〇万人と最多を記録するなど、九〇年代の初めから庇護に対する注目が高まり始めた。さらに、この傾向を悪化させたのが、ボスニア戦争から逃れてくる約百万人の難民が西ヨーロッパに押し寄せたことだった。

その数の多さに加えて、当時の庇護希求者のいくつかの特徴がさらに不安を煽った。第一に、彼らは許可なくやってきたのであり、「自発的な」庇護希求者という言葉がしばしば使われた。一九七〇年代から一九八〇年代にかけて、難民はヨーロッパに定住していったが、すでに見たように、その数や特徴、受け入れ方は移住先の国によって管理することができた。それに対して、現代の庇護希求者はしばしば遠くの国から国境線まで、やってくる場合が多かった。具体的には、アフガニスタンやソマリア、スリランカの三国は当時、庇護希求者の主要な出身国だった。第二に、すでに定住した難民の場合とは対照的に、やはり庇護申請した者の多くは実際、難民ではなかった。一九八〇年代に、就労目的でのヨーロッパへの合法的な移住機会が減っていく中で、庇護申請が移住労働者としてヨーロッパに移民するための数少ない手段の一つとなったのである。当時、広く共有されていた決定的な懸念は、これらの人々が南から北へと流れる大規模な移住の前兆なのではないかというものだった。

STILL 5p CHEAPER THAN THE DAILY MAIL AND TEN TIMES BETTER!

# DAILY EXPRESS

THE WORLD'S GREATEST NEWSPAPER express.co.uk WEATHER: SHOWERS FRIDAY MAY 23, 2014 55p

DAVID MOYES IS QUIZZED OVER 'ATTACK' ON MAN, 23

SEE PAGE 8

FARAGE'S UKIP TO TRIGGER 'A POLITICAL EARTHQUAKE'

SEE PAGE 5

PLUS WIN A LUXURY CRUISE WORTH OVER £4,500 WITH SAGA HOLIDAYS SEE PAGE 35 PREMIUM RATE PHONE LINE

## MIGRATION IS OUT OF CONTROL

DAILY EXPRESS CRUSADE GET US OUT OF THE EU

### Outrage as another 201,000 are allowed in from the EU

By Martyn Brown
Political Correspondent

**BRITAIN is buckling under the pressure of a fresh wave of migration from Europe.**

The number of immigrants arriving here from the EU surged by 27 per cent last year, according to official figures released yesterday.

A total of 201,000 EU citizens arrived in the UK, compared with 158,000 the previous year.

The Office for National Statistics said the "significant increase" had been fuelled by the number of people coming here to look for work.

The figures were a major blow for David Cameron on the day of the European elections and led to renewed support for the Daily Express crusade to get Britain out of the European Union and regain control of our borders from Brussels.

Net immigration is running at more than twice Mr Cameron's target of cutting it to the "tens of thousands".

In 2013 a total of 526,000 people moved to the UK and 314,000 left, giving a net figure of 212,000. This is up from 177,000 in 2012. Alan Murad, of the Better Off Out campaign,

TURN TO PAGE 5

Little Evie Marriott with a handful of hail in Peterborough yesterday

Hailstones batter Britain... now for a Bank Holiday surprise

SEE PAGE 2

写真9　2014年ある日の英紙デイリー・エクスプレスの第一面〔「移民は制御不能」と大きな見出しで書かれている〕(Express Newspapers/N&S Syndication)。

たとえば、難民ビザは多くの国の出身者に対して出されたが、ヨーロッパ諸国が庇護希求者の数を減らし、また到着した人々が正直な申請を行い、「偽装難民」ではないことを確実にするために多くの新しい政策を導入したのは、主に増加する庇護希求者とこれらの他の懸念に応えたものであった。航空会社をはじめとする輸送会社は、パスポートとビザをすべての乗客に確認し、持っていない場合には罰金を科すことが義務づけられていた。庇護手続きが簡素化され、申請プロセスの迅速化が図られ、庇護希求者への福祉給付金の付与が制限された。

このような政策の効果については、無視できない議論がある。ヨーロッパにおける庇護希求者の数が大幅に減っていたのは確かであり、二〇〇四年にはEU全体での庇護申請件数がわずか二三万三〇〇〇件と、一九九二年に報告された数の半分以下という数字になったのだ。ところが、二〇一四年になると、ヨーロッパへの庇護希求者は七〇万人以上にまで上昇し、一九九二年の水準を上回る勢いとなった。一部の識者は、庇護の傾向は庇護先の国の政策ではなく、出身国の状況によって決定されるという議論を提示している。また、新たな政策によって少なくとも初期段階においては庇護希求者の数は減ったかもしれないが、今度は変則的な形で庇護申請は続いているという議論もある。つまり非正規移民が庇護に取って代わるようになり始めたのだ。

「移住・庇護連関（migration-asylum nexus）」という広い範囲に用いることができる言葉が、今日の先進国における庇護希求の問題を表現するために使われるようになってきている。この言葉は、一方で難民と「偽称の」申請者を、また他方では庇護希求者と非正規移民とを区別するという概念

**Box 10　拒否された庇護希求者の送還**

イギリスは申請を却下された庇護希求者の送還については、とくに悪い実績を持つ国だ。2006年にイギリス内務省が発表した推定によると、イギリスには申請を却下された庇護希求者が15万人から28万8000人も滞在しているとされており、しかも彼らを送還させるのに最大で18年もかかるというのである。ここで大きな問題となるのは、彼らをどうやって見つけ出すかということだ。というのも、その多くが自らの民族コミュニティ内に姿を消して、不法就労していることが多いためだ。また同時に、イギリス政府は、申請を却下された庇護希求者を送還させるメリットと、すでにイギリス国内に定住しているエスニックコミュニティからの怒りを買う危険性を承知しながら送還させるリスクとを暗黙のうちにうまく両立させなければならないのだ。さらに、イギリス国内には強制送還に強く反対する運動も展開されており、実際申請を却下された庇護希求者が本国に送還されて迫害に遭うことに対する懸念もある。

的かつ政策的な課題を示している。

イギリスはこのような課題に取り組んでいる実例となる国だ。イギリスでは過去十年間で、庇護希求者の約一〇パーセントから二〇パーセントが一九五一年難民条約の基準を満たしていると考えられており、難民の地位を付与されてきた。庇護希求者のさらに二〇パーセントから三〇パーセントは同条約の基準を満たしてはいないものの、現状では出身国に戻るのは危険だということが認められたために、「例外的な永住許可（ELR）」という一時的な地位を与えられている。つまり、庇護希求者の五〇パーセントから七〇パーセントが保護を必要としていると認められていないということだ。拒否された者には上訴する権利があり、後に保護が認められた者もいる。しかし、大部分の人々が上訴を却下され、出身国に戻らざるをえない立場となっているが、実際には多くの人々が本国に帰国せず、イギリスに不法滞在しているのが現実だ。

難民申請を却下された庇護希求者が、申請と上訴を却下されたにもかかわらず庇護希望先の国に滞在するという状況は、庇護希求者が非正規移民と融合する一つの形となっている（「Ｂｏｘ10」を参照）。また、今日増加傾向にある庇護希求者が、しばしば移民密輸業者の助けを借りて非正規移民として入国するという形もある。第5章で見たように、移民の密航に絡む危険を考えると、現状は庇護を擁護する立場の人々や人権擁護機関にとって大きな懸念の種となっている。最後に、庇護先の国に到着するとすぐに就労許可を得る前に不法労働に就く者もいる。

このような意味において、「庇護希求者」と「非正規移民」という言葉がしばしば交換可能な意味で使われているのは、たぶん驚くことではないだろう。問題は、多くの庇護希求者が本当に生命や自由を賭けて本国から逃れ、保護を求めているという事実から、これによって人々の注目がそれてしまうことだ。そこで懸念されるのが、国際的な難民制度のもとで保護される資格のある難民が生命を危険にさらしてまで、先進国の庇護制度を利用しようとしていることであり、彼らはそこでは、非正規移民としてみなされたり、そのように扱われたりする危険が増しているということなのだ。

# 第7章 社会における移民

現在、最も切迫した議論の一つが、移住先の社会に対して移民がもたらす影響についてだ。先進国に入国する移民が増えているが、それと同時に、受け入れ国の社会の多くも巨大な構造変化に直面している。その構造変化には、社会や労働市場、コミュニティに変化をもたらす経済や人口構造、科学技術に関するものが含まれている。その結果、社会的セーフティネットはその需要が高まっているにもかかわらず痛みを伴う変化をこうむり、物理的なインフラ需要が激増し、社会的・文化的な危機などが起きている。その中でも、より広い文脈において意味を持っているのが、とくに世界金融危機が起こり、不安感が高まる中での世界経済の不透明感だ。

移民は現代社会の不安感を説明する上で、実体的で目に見える都合の良い要素となっている。これは、多くの先進国で極右を支持する動きが高まっていることを示す一つの理由だ。しかし、移民が社会にもたらす影響に関する膨大な学術的な研究成果は両義的なものだ。学術的な研究成果で強調されているのは、静的なアプローチでは移民のもたらす影響の現実を十分に反映できないということだ。それでは、たとえば移民が労働市場で新しい技能や経験を身につけ、時間の経過とともに変化するといった変化を捉えられない。また、学術的な研究成果で強調されているのは、移民による社会変動だけを取り出し、一般に批判されがちな貿易自由化や民営化などの社会変動の他の側面と分けて論じることが非常に難しいということだ。また、これまでの研究成果で示されているのは、移民の特徴や受け入れ社会における移民の地理的な分布、あるいは根底にある労働市場の状況や社会関係といったさまざまな要因によって移民受け入れの影響は大きく変化するということだ。さらに、政治や社会、文化などに対する移民の非経済的な影響のコストとベネフィットを定量化することは難しい。

## 移民受け入れの経済的な効果

移住先の社会における移民受け入れの経済的な影響は、激しい議論の対象となっている。学術的な議論は概して、ヨーロッパよりもアメリカのほうが洗練されており、その理由の一つは、最近まで、ヨーロッパではその政治的・経済的な事情によって、移民受け入れが経済にもたらすプラスの効果を示す論拠について議論するのが難しかったためである。ただ、必ずしもそうとばかりとは限

**Box 11　歴史的な経験**

近年の歴史におけるいくつかのエピソードが、移民受け入れのもたらす経済効果を評価する上で興味深い前例となっている。1962年に、アルジェリアに住んでいた90万人のヨーロッパ出身者がフランスに移住した結果、フランスの労働力が1.6パーセント増加した。これを分析すると、せいぜい影響と言っても、彼らが定住した地域の賃金が0.8パーセント下落し、失業率が0.2パーセントポイント増加したにすぎなかったことがわかった。1974年には、60万人の植民者がアンゴラとモザンビークのアフリカ植民地からポルトガルに戻ってきたが、実証的な分析の結果、労働市場への影響を見つけ出すことはできなかった。1980年には、約12万5000人のキューバ人がマイアミにやってきた結果、労働力が7パーセント増加した。このキューバ人がさまざまなエスニシティの現地の単純労働者にもたらした影響を調べてみると、キューバ人だけがマイナスの影響を受けたようだということが明らかになった。

らず、たとえば、一九五〇年代から一九六〇年代にかけてドイツで実施されたガストアルバイター（外国人労働者）制度の論拠は、その大部分が経済的なメリットにあった。

ここでの主要な議論は、移民受け入れが経済成長にもたらす効果についてである。この議論は今も続いており、決着がついていない。移民受け入れがプラスの効果をもたらすと主張する人は、移民が積極的に低賃金労働に就こうとすることや、多くの移民が高い意欲を持っていること、柔軟に労働力を提供してくれることなどを論拠として挙げている（「Ｂｏｘ11」を参照）。また、移民受け入れは投下資本に対するリターンを上げてくれることや、その他の賃金に対するマイナスの効果が最小限のものだという議論もあれば、移民の起業家精神が雇用を生み出し、移民の労働力のおかげで、国際競争に負けてしまいかねない産業の競争力を維持することができるという議論もある。場合によっては、すでに第4章で説明したとおり、出身国に対して移民がもたらすプラスの効果も、この種の議論に含まれていたりする。

アメリカをはじめとした他の国の著名な専門家たちは、移民がマイナスの経済的な影響をもたらすという説得力のある主張を展開している。彼らは外国生まれの人々の間で失業率が高いことや、大家族に付随する福祉コスト、すでに現地に定着している少数民族との競争がもたらすマイナスの影響を挙げている。また、ある経済が単純労働者を多く抱えていると、産業のリストラクチャリングと再編成を遅らせるという側面もある、つまり、移民受け入れが低賃金の労働条件を生み出し、労働基準を維持する上で労働組合の力も弱めてしまうというのだ。

移民の経済的な影響に関する一般的な議論として、現地生まれの人々の雇用への影響、彼らの賃金水準への影響、また公的財政への影響、とりわけ公的部門のコストへの影響という三つの側面がとくに注目されている。

世界中の移住先の国で最も根強く持たれている懸念の一つに、移民が現地生まれの人々から雇用を奪ってしまうというものがあり、この懸念は、失業率が比較的高く、失業者中に占める長期的な失業者割合も比較的高い多くのヨーロッパの国でとくに顕著に見られるものといえる。しかし、実際には、この懸念が現実のものとなるケースは稀のようだ。というのも、世界の大部分の国で、移民は現地の労働市場の穴を埋めるために受け入れられているのが実態だからだ（これは、経済的な基準ではなく人道的な基準に基づいて受け入れられている難民には当てはまらない）。つまり彼らは、現地の訓練・教育制度では埋めることができない技能の差、つまり、現地の人々がやりたがらない地位の低い仕事に就くことを意味する。移住労働者が、現地の労働者と直接競争するために現場に入って来るように求められることはめったにあることではない。先進国での広範な比較研究の結果、移民が現地の雇用に及ぼす影響は、最悪でも中立的なものであり、最善の場合、経済成長と雇用の増大を促し、プラスの効果となることが明らかになっている（「Ｂｏｘ12」を参照）。

アメリカにおける移民に関する議論の重要な側面として、賃金水準への影響に焦点が当てられていることが挙げられる。国レベルでの集計結果を見ると、労働市場において移民によく似た特徴を持っている人々、言い換えれば、雇用をめぐって移民と直接競争する人々にとってマイナスの影響が強く実感されるというのが共通した認識として見られつつある。しかし、この影響は、移民と雇用をめぐって競争しない人々の賃金へのプラスの効果によって相殺されているという議論がある。というのも、移民を受け入れた結果としてアメリカ企業の利益が上がっていることからアメリカ人は利益を得ているからだ。

近年、このようにアメリカで移民の単純労働者が増えている中で、移民が現地生まれの単純労働者の賃金に対してもたらす影響に、とくに注目が集まっている。そうした中でも、アフリカ系アメリカ人が単純労働者に占める割合は非常に大きく、また労働市場全体の中できわめて脆弱な立場に

### Box 12　自営業の外国人労働者とエスニック起業家

カナダやデンマーク、フィンランド、スペイン、アイルランド、イギリスに多い自営業を営む外国人労働者に関する研究が増えている。これらの国々でとくに自営業の移民の割合が高い主な理由は3つあり、そのひとつとして、移民は現地生まれの人々と比べて活動的で、リスクを取ることをいとわない気質を持っていることが挙げられる。しかし、逆に、移民は差別や言語面での障壁、情報へのアクセス不足といったことによって、賃金労働に就くことができないために、自営となったという側面もある。3つ目の理由は、移民の出身コミュニティを対象とする経済活動が行われやすいことであり、こうしたコミュニティ密着型の活動を説明するのに、エスニック起業（ethnic entrepreneurship）という概念がしばしば使われる。この影響はしばしば特定のエスニックコミュニティを越えていく面があるというのは重要なことで、たとえば、インド人、イタリア人、トルコ人の名物料理は多くの場合、移民によって移民自身のためにもたらされたが、現在では、世界中の食習慣に欠かせないものとなっている。

あるため、移民が彼らに及ぼすと考えられる影響はとくに重要と言える。最近の研究結果は、必ずしも明確ではないし、一貫性もない。しかし、一方で、ニューヨークで実施された調査の結果を見ると、移民が最も多く流入した――その多くには単純労働者が含まれている――と記録された一九八〇年代から一九九〇年代初頭にかけて、労働参加や所得といった点でアフリカ系アメリカ人の男性の地位が相対的に落ちていることが明らかになっている。また一方で、移民受け入れだけに起因すると考えられる正味の影響を実証した研究はほとんど存在しない。言い換えると、移民受け入れは通常、賃金の低下の原因となりうるさまざまな要因の一つにすぎず、その影響を切り離して考えることは難しいということだ。

移民の経済的な影響に関する議論の最後の側面として、公的な財政に対する影響がある。オーストラリア、ドイツ、イギリス、アメリカの四か国で別々に行われた調査では、全体的にプラスの効果が出ていることが明らかになっている。移民は全体的に、受け取ったサービスのコストよりも多くの税収を生み出している。これに関する通常の説明としては、多くの移民コミュニティは経済的に現役の世代が多くを占めるという年齢構造上の偏りがあり、そして、一般的に移民の就業率は高いとされているためである。また、通常、移住先の国が移民の養育、教育、訓練にかかる費用を負担する必要はなく、さらに、多くの場合、移民は引退したら本国に帰っていくことが多いため、移住先の国は高齢者を養うための費用を負担する必要もないことも理由の一つである。

一方、結果は多様であるということも重要だ。たとえば、調査の結果、移民の公的財政への影響は、深刻な人口高齢化に直面している多くのヨーロッパ諸国や日本と比べて、高齢化の程度が低いアメリカなどでは、それほどはっきりとしたプラスの効果が見えてこないことが明らかになっている。また、ニュージーランドで行われたある調査では、移民全体が政府財政にプラスの貢献をもたらしてはいるものの、アジアや太平洋の島嶼から来た新しい移民は、税収増となるよりも、むしろコスト増となっていることが明らかにされている。

移民の経済への影響に関する議論のこれらのすべての側面に見られる重要な要因は、移民の就業率であり、それに関するいくつかの重要な変数がある。アメリカに加えてヨーロッパにおける最近の議論の際だった特徴として、国際移民の性質が変化したという議論が挙げられる。たとえば家族が再会するということは、経済活動に参加しない移民の割合が増えるということだ。ある一定期間合法的に就労することが認められていない庇護希求者も増えている。もっと一般的なことは、新しい移民はこれまでの移民と比べて、移住後の社会的な階層の上昇移動と技能の習得において劣っているという指摘である。

EUにおける外国生まれの人々の全体的な就業率は、EUの平均値を下回っているとはいうものの、この値は、出身地によって大きな差がある。たとえば、西欧・南欧出身の移民はEUの平均値よりも高い就業率を示している一方で、世界の他の地域出身の移民の就業率は低いという結果が出ている。なかでも、トルコ、中東、アフリカからの移民は、失業率がとくに高い。性別による違いも大きい。外国生まれの男性は就業率でEUの平均値をわずかに下回っている程度だが、外国生まれの女性は就業率でEUの平均値を大きく下回っているという違いがある。

移民の雇用と財政効果に関する地域および都市レベルでの調査を見ると、全国レベルの調査と必ずしも同じ結果とはなっていないことにも注目することが大切だ。たとえば、多くの主要なヨーロッパの都市では、地方政府レベルでは、移民が公的部門の予算にもたらす正味の効果はマイナスであることが明らかになっており、その大きな理由は、特定の移民コミュニティで失業率が高いことが挙げられる。ウィリアム・クラークがアメリカの移民受け入れの玄関口となっている九つの主要な都市で行ってきた新規移民に関する継続調査の結果では、移民は現地生まれの人々と比べて技能と収入が落ちている一方で、貧困と〔社会福祉への〕依存度が高まっていることが実証されており、しかもこの差は時間の経過とともに広がっていることが明らかにされている。クラークによるさらなる分析によると、これらの問題はある特定の場所や特定の民族・出身国に関連したものであるという。たとえば、ロサンゼルス郡の単純労働に就くメキシコ人移民はとくに困窮していることが明らかにされている。

本節を締めくくるにあたり、最後にある観察結果に言及しておきたい。それは、ここで示したような研究結果と、世論や政治的な意見の間には、しばしば開きがあるということだ。調査の結果、移民が経済成長に貢献し、雇用をめぐって競争することなく、現地生まれの人々の賃金の低下も招かず、費用と便益の点においても良い数値を示しているという結論が明らかな場合でも、実際にそのように見られているとは限らないということだ。アメリカとヨーロッパでは、たとえ直接的な関係が立証されてはいない場合でも、移民に対するネガティブな世論と高い失業率の間の相関性が一貫して確認されているのだ。同様に、たとえば、マレーシアや南アフリカでも、移民が失業の原因とされることが普通だ。

## 第二・第三世代

最近では移民の第二・第三世代である子どもや孫の経済的なパフォーマンスについても、かなり注目が集まっている。たとえ政治的な権利の剝奪や社会的・文化的な孤立といった他の要因があるにせよ、経済的な排除こそが、ヨーロッパ諸国の多くで最近見られる、移民の子孫が抱える不満の最も共通して言及される理由の一つとされている。

この問題に関する専門家の見解は大きく二派に分かれている。楽観主義派は、アメリカ、カナダ、オーストラリアに渡ったヨーロッパの移民の経験に従って、移民第一世代は経済的な不利をこうむることが予想されるとはいっても、その後の世代は現地人と同等な立場で競争することができるようになるだろうと考えている。楽観主義派は、移民第一世代が労働市場で苦戦する可能性がある多くの理由を挙げており、たとえば、外国で取得した資格に対する認識不足や移住先の現地の言語が流暢に話せないこと、移住先の国の労働市場での経験が不足していることなどに注目している。しかし、これらの理由が第二世代に同じだけの強さで妥当することはないと主張するのである。一方で、悲観主義派は対照的に、こういった歴史的経験は、最近の移民には――とくにそれが発展途上国からの移民である場合や、これからも差別を受け続けるであろう外見上の特徴を持つマイノリティの場合には――妥当しない可能性があると考えている。

オックスフォード大学の社会学者であるアンソニー・ヒース教授は、この問題に関する幅広い国際的な比較分析をさまざまな研究者たちと共に実施し、「エスニック・ペナルティ」と呼ばれるものの程度と原因について明らかにしている。さまざまな要因がある中でも、ヒース教授らは、オーストラリア、カナダ、イスラエル、アメリカ、オーストリア、ベルギー、フランス、ドイツ、オランダ、スウェーデン、イギリス、南アフリカ、北アイルランドにおけるヨーロッパ系と非ヨーロッパ系の移民第二世代と第三世代に見られる失業率を比較した。

この調査の結果によって、それ以前に行われた調査の結果がおおむね確認された。すべての調査対象国において、ヨーロッパ系移民第二世代は基本的にエスニック・ペナルティを経験していなかった。これは言い換えれば、彼らの就業率は、現地生まれの人々と同等か、それ以上のものだったということだ。しかし、すべての国で、非ヨーロッパ系移民はエスニック・ペナルティをこうむっており、この傾向は、オーストリア、ベルギー、フランス、ドイツ、オランダでとくに強く見られた。調査対象国間の差を生んでいる一つの要因に、それぞれの国の失業率があり、エスニック・ペナルティは失業率が最も高い国で最も顕著だったようだ。

このような研究では、変数があまりにも多いため、結果を完全に信頼できる形で説明することは難しいものの、注目すべき要因として、差別、一部の調査対象国に広がるレイシズム、労働市場の柔軟性、また各人の持っている情報や社会関係、意欲、社会的アイデンティティといった人的資本に関連した要因があった。調査の全体的な結論の一つとしては、アメリカのアフリカ系アメリカ人や北アイルランドのカトリック教徒の経験によって裏付けられるように、容易には克服できない過去の負の遺産があるということである（後者の例では、プロテスタントの側が移民であるが）。

このような研究結果が示す特徴的な傾向の一つは、第二世代がエスニック・ペナルティを経験する場合、統合政策の原則は関係ないということだ。そのため、非ヨーロッパ系の移民第二世代は、多文化主義のイギリスと同様に、同化主義のフランスでも基本的に不利をこうむっているのである。また、いずれの統合モデルについても、必ずしもあまりうまくいっていないという考え方を支持する意見が強まっている。そういう中で、とくに言語習得や訓練・教育、労働市場および経済的な編入、医療などの重要な社会サービス、市民生活と政治的営みへの参画といったより具体的な問題に焦点を当てることによって、統合を達成することができるという議論がある。実際、アメリカでは、連邦政府が不干渉主義的なアプローチを取ったため、他の大部分の国よりも統合がうまくいっており、移民コミュニティにおいて自尊心とリーダーシップが発揮されているという指摘がある。

## 移民と政治

西ヨーロッパ全土で、イスラム教徒とその第二・第三世代の移民は不均衡なほど高い失業率に悩まされており、そこに教育と住宅の問題も絡んで、状況はさらに複雑化している。このような社会経済的な緊張は、たとえば、イギリスのラシュディ事件[訳注7]や「テロとの戦い」、アフガニスタンとイラクへの侵攻、最近のＩＳＩＬの台頭などに関連した高度に政治化されたアイデンティティの問題によって、近年さらに悪化していると指摘されている。『国際移民の時代（*The Age of Migration*）』の共著者であるスティーブン・キャッスルズ、ハイン・デ・ハイス、マーク・ミラーは、その結果、次のように述べている。「大部分のイスラム教徒の移民は原理主義を避けてきたが、西ヨーロッパがイスラム世界に広がる宗教的情熱の高まりに見舞われていることは確かだ」。

とは言うものの、原理主義の高まりは、移民受け入れ国の社会における移民の政治的な影響に関するさまざまな研究成果の示す一つの側面にすぎない。移民と政治のもう一つの接点として、反移民的な過激主義の増大が挙げられる。実際、過去十年の間に反移民の政治運動がヨーロッパの大部分の国で盛り上がりを見せており、ますます勢いを増している。二〇一五年のイギリスの総選挙では、反移民を公約として掲げたイギリス独立党（ＵＫＩＰ）が約四〇〇万票を獲得している。最近の世論調査では、「国民戦線（ＦＮ）」[訳注8]のマリーヌ・ルペン党首が、反移民政策に対する支持の高まりを受けて二〇一七年大統領選挙の決選投票に進出するだろうという予測が出ている。またデンマークでは、デンマーク国民党が二〇一五年に過去二〇年間で最大の票を獲得している。一方、アメリカでは、ドナルド・トランプが共和党の反移民派を擁護する姿勢を見せている。さらに、この

**訳注7**　インド出身のイギリス国籍作家であるサルマン・ラシュディが一九八八年に執筆した小説『悪魔の詩』が、イスラムを冒涜したとして世界的に物議をかもした事件。

**訳注8**　二〇一八年六月に「国民連合（ＲＮ）」に党名変更。

ような右翼政党の出現がさまざまな政治的な立場を超えて反移民の影響を及ぼしている、と一部の学者は指摘している。たとえば、フランスの社会主義者の移民に対する立場は、国民戦線への支持が拡大する中で右寄りへと変わってきているという議論がある。このような分析が正しいものなのかどうかに関係なく（その誤りを指摘する学者もいる）、右翼政党への支持の高まりが、先進国において移民受け入れが政治のアジェンダとして台頭している重要な理由であることは明らかだ。

新しい政党や新しい問題の醸成に加えて、学術的な研究成果は、移民受け入れが移住先の国の政治と政治制度に影響を及ぼす少なくとも二つの異なる側面について明らかにしている。とくにベルギー、フランス、オランダでは、市民権を与えられてこなかった移民とその子孫の政治参加と政治的代表のされ方について活発な議論が行われている。一九七〇年代から一九八〇年代にかけて、彼らはたとえば、しばしばそこから彼らが排除されていた通常の政治的意見表明の手段以外の方法である産業ストライキや抗議運動、ハンガーストライキ、都市での暴動などへの参加といった方法で動員される傾向があった。

近年、ヨーロッパ各国では、（国政選挙ではなく）地方選挙の選挙権と被選挙権を含めて、移民に一定の政治的な権利を付与する動きが高まりを見せており、これは、大部分において外国人の長期間にわたる居住が恒久的な現象であることを認める動きが広がっていることを受けたものであるといえよう。自らの居住コミュニティへの政治参加は基本的人権だという主張が一部にあり、移民の政治参加を排除すると社会的な緊張と軋轢を招きかねないという指摘もある。EU各国では、すべてのＥＵ市民に対して、居住国で地方選挙およびヨーロッパ議会選挙への投票権および被選挙権が認められている。デンマーク、フィンランド、アイルランド、オランダ、ノルウェー、スウェーデンなどでは、最低限の居住期間を条件として、ＥＵ域外の国出身の外国人に対して、地方選挙への選挙権と被選挙権を認めている。また、ポルトガル、スペイン、イギリスなどでは、いくつかの国との互恵的な合意に基づいて、それらの国籍を持つ人々に地方選挙への投票権を認めている。

移住先の政治に対するありうる影響は、移民的背景を持つ市民がエスニックな有権者層を形成することによるものだろう。おそらくそれを示す最も良い例はイスラエルのソ連系ユダヤ人で、彼らはイスラエルの有権者の約一五パーセントを占め、一九九二年以来、すべての国政選挙の結果に決定的な影響を与えてきた。また、カナダ・ケベック州の移民はカナダ連邦におけるケベックの将来に関する一九九六年の住民投票で独立反対票を投じて、結果に影響を与えている。接戦となった二〇〇二年のドイツの選挙でも、約三五万人のトルコ系ドイツ人が重要な有権者層として浮上した。このような政治的影響を及ぼす可能性があることから、たとえば、イギリスやアメリカでは政党が移民の有権者層に支持を訴える動きが強まっている。

アメリカの一部の州では、ラテンアメリカ系の有権者層の存在が政治家のジレンマとなっている。メキシコからの不法移民に強く反対する姿勢を見せることは、政治的に見て広く支持される政策だが、一方で、ラテンアメリカ系の有権者層にも支持を訴える必要がある。プエルトリコ人を除いて、アメリカには約四二〇〇万人のラテンアメリカ系住民がおり、彼らは人口の約一四パーセントを占めている。ラテンアメリカ系の有権者層は、カリフォルニア州やコロラド州などできわめて重要な存在となりうる。さらに、アメリカのラテンアメリカ系の三分の一は十八歳以下であるため、この層の投票が将来いっそう重要性を増してくるだろう。

## 人口減少を緩和する

最近になって、国際移住がどのくらいまでいわゆる人口減少に関連した諸問題に対処することができるのかという議論が浮上してきた。先進国では、人口の減少と高齢化が同時に起こっている。出生率の低下に加え、平均寿命の伸びと医療の確実な進歩が見られる。若年層が減る一方で、高齢者が増えており、その多くが退職後三〇年から四〇年間にわたって生き続ける。言い換えれば、働いて、経済成長を支える経済的にアクティブな納税者が減っているということだ。しかし現実には、退職して年金を受けとり、福祉国家の医療や社会的な介護への依存度が増している人々が増えているのだ。一般的に言って、人々は年をとればとるほど、介護を必要とするようになる。

現在の人口構造を転換させるためには、〔出生可能年齢の女性一人あたり〕二・一人の出生数が必要となるにもかかわらず、平均的な女性の出生人数がわずか一・四人にとどまっているヨーロッパでは、人口減少は、とくに深刻な問題となっている。中国や日本と同様、結果としてヨーロッパでも人口減少が進んでおり、まもなくロシアでも人口減少が始まるだろう。実際、現在、世界人口の四〇パーセント以上が人口減少国に分布している。しかし、また同時に重要な差異もあり、たとえばヨーロッパの一部の国では他の国と比べて人口減少の影響は小さいといったことや、アメリカでは人口が増えており、少なくともその一部は高い移民流入率によるところが大きいといったことが見られる。

移民が人口減少を緩和するための一つの手段となりうるという点については、ほとんどの識者が同意しているが、移民がどれだけ重要な役割を果たすことができるかという点については、現在、大きく意見が分かれている。移民が生産年齢にあり、働き口を見つけ、合法的に働き、納税している限りにおいては、移住先の国における生産年齢人口の減少を食い止める上で強力な貢献をすることができる。そのため、労働移民を増やすことが移民受け入れ国の経済的な国益につながるという議論がある。その場合、もし、労働移民がなければ、現在の年金と福祉の水準を維持することができなくなるのである。

このような考え方に対する反論として、移住労働者の受け入れは高齢化と労働人口減少の短期的な解決策であるにすぎないという議論がある。というのも、移民もいずれは高齢化していくのが当然だからだ。さらに、移民が出生率の高い国からやってきたとしても、移住先の国に適応して出生率を低下させることが多い。その場合、移民自身も、福祉負担をするのに十分な次世代を持つことなく、高齢者群に加わることになるのである。

移民は「特効薬」ではないのだ。つまり、それだけで人口減少を緩和することができるわけではないというのが、大方の総意だ。しかし、必要な一連の対応策における重要な要素ではあるだろう。その他の対応策としては、女性が子どもを産むインセンティブを強め（たとえば、もっと柔軟な出産育児休暇制度の導入）、退職年齢を引き上げて長期的な雇用を促し、現地人口の失業率が高ければ就業率を上げ、技術革新によって生産性を高めるといった方策が考えられる。それ以外としては、あまり心引かれるプランではないものの、年金などの社会福祉を減額し、福祉のレベルを下げることを受け入れるという手もあることはある。

## 社会と文化を豊かにする

移民というテーマは明らかに学際的な性格を帯びているにもかかわらず、移民の経済的な研究と他の分野との相互交流が相対的に不足しているのは事実だ。非経済的な影響に値段をつけるのは難しいとはいえ、社会における移民受け入れ全体の影響をバランスよく考えていく上で、非経済的な影響も考慮に入れなければならない。

移民が世界中の社会や文化に最も強い影響を与える例として、社会や文化の多様性や折衷度を高めることを挙げることができるが、その実例には事欠かない。ジャズやレゲエ、バングラといった多様な音楽は移民発祥だ。ベン・オクリやサルマン・ラシュディは世界的な移民出身の作家であり、移民の経験は、ハニフ・クレイシの『郊外のブッダ（*The Buddha of Suburbia*）』やゼイディー・スミスの『ホワイト・ティース（*White Teeth*）』、モニカ・アリの『ブリック・レーン（*Brick Lane*）』、チママンダ・ンゴズィ・アディーチェの『アメリカーナ（*Americanah*）』などのポストコロニアル文学に刺激を与えてきた。アルベール・カミュはピエ・ノワールだった。インド料理のチキンティッカマサラは今や、イギリスで最も人気のある料理だとしばしば言われている。また、スペイン語は現在、カリフォルニア州やフロリダ州の一部の地域で最も一般的な言語となっている。世界中で、スポーツのクラブチームが有力な選手を外国から獲得する一方で、ナショナルチームが移民の子孫をチームに組み入れる動きが加速している。

移民の多様性が増すにつれて、この影響はよりいっそう強まっており、イギリスがその好例と言える。一世紀以上にわたって、イギリスではアイルランド系移民が大幅に増えており、アイルランドからの移民はイギリスで最大の外国人集団を形成している。また、一九五〇年代以降、インドやパキスタン、ジャマイカ、その他のカリブ海の島嶼などの旧イギリス植民地からの移民が大量に流入してきた。一九七〇年以来、オーストラリアやカナダ、ニュージーランド、南アフリカからの移民の受け入れも積極的に奨励されている。近年では、このようにすでに多様性を増した社会に、さらに別の多くの国から移民が移住し、よりいっそう多様になっている。たとえば、一九九〇年代以来、イギリスではアフガニスタンや中国、イラク、コソボ、ソマリアから大量の移民が入国しており、今日のこのようなイギリスの状況を「超多様性（ハイパーダイバーシティ）」と表現する人たちもいる。

このように多様性が増した状況では、同時に非常に難しい課題も浮上している。フランスでのスカーフ論争は、多様性と歴史的な国家原則とを両立させるのがいかに難しいかを示す好例だ。さらに現実的な話をすれば、たとえばイギリスやアメリカで、家でウルドゥー語を話す何人かの生徒を含む三〇人の小学生に対して授業をすることは非常に大変だ。さらに、家でウルドゥー語を話している二人の生徒、最近ソマリアからやって来たばかりであるため英語が話せない三人の生徒、第一言語として標準中国語を話す二人の生徒が同時にいるクラスでどうやって授業をすればいいのかという課題もある。しかし、概してなんとかして多様性の課題に取り組んでいる社会は、実際、そこから計りしれないメリットを享受している。

多様性が持つプラスとマイナスの影響が最もよく表われているのは、ニューヨークやロンドン、香港といったいわゆるグローバルシティと呼ばれる大都市においてだ。移民は、少なくとも三つの意味でこのような都市の特徴を成す不可欠の要素となっている。第一に、とくにグローバルシティは、高度な熟練技能を持つ移民と情報通信技術（ICT）に依存しており、国際金融や法律サービス、また経済の基礎となっている会計や広告、保険などの高度なビジネスサービスの活発な活動を支えている。第二に、移民は、たとえば、すべての都市で輸送や廃棄物処理、接客、建設、ケータリングなどの地位が低い職種で重要な役割を担っていることが多い。

第三に、国際移民は、働き口を見つけやすいことから、世界中のグローバルシティなどの大都市に集中する傾向が強まっている。移民は自分たちの同胞コミュニティや、現地社会の各種制度からは受けにくい特別な支援を提供してくれる場所（教会やモスク、コミュニティセンターなど）の近くに定住する傾向があることから、特定の地域や地区に集住することがよくある。このように移民のコミュニティが特定の地域に集中することによって、世界中の大都市に注目すべき色彩と特徴が生まれており、ニューヨークやロンドンのチャイナタウンやリトルイタリーのような世界的に有名な地区が形成されている。また同時に、移民はこれらの都市で最も貧しい地区に集中することもあり、しばしばスラム街と呼ばれる地区を形成している。

また、移民が社会と文化を豊かにしたとみなされるのは、新しいトランスナショナルなアイデンティティを形成しているからだ。トランスナショナリズムは国家的な忠誠を徐々に掘り崩す恐れがあるため、一部では政治的な問題として見られている。また同時に、トランスナショナリズムの研究で知られている理論家スティーブン・ベルトヴェッツは、トランスナショナリズムは社会や文化を変化させる影響力を持つ可能性もあるとしている。ベルトヴェッツによれば第一に、トランスナショナルな移民は国境を越える新しい社会を形作っている。第二に、二重国籍や多重国籍の移民が増えている中で、トランスナショナリズムは新たな形態の意識を生み出している。第三に、トランスナショナリズムの移民は文化の再生産のさまざまな形態を生み出しており、自らの文化を新しい文脈の中で解釈・融合し、新しいハイブリッドな文化を生み出している。第四に、トランスナショナルな移民は新たな経済の中心となりうる。第五に、トランスナショナルな移民は新たな政治参加の場を創り出している。彼らはとくに、集結して外国から母国の政治に影響を及ぼすことができる。

最後に、トランスナショナリズムは場や地域の再建につながっており、言い換えると、移民には移住先の社会を変化させ、そこに彼らの出身地域を彷彿とさせる環境を再現することができるという指摘もある。

トランスナショナリズムという概念には批判もある。このようなプロセスにはとくに新しい要素は何もないという批判もあれば、あまりにも誇張されすぎており、世界の大部分の地域の移民には関係のない話だという批判もある。しかし、移民がグローバリゼーションと交錯することによって、移住先の社会に大きな社会的、文化的、経済的な変化を及ぼしているという点については、おそらく最も強く批判する者の間でも意見が一致しているのではないかと思う。このような変化はもう後戻りできないものである。

# 第8章
# 国際移住の未来

本書の初版が二〇〇七年に出版されて以来、予測できなかったような大きな変化が移民をめぐる状況に起こっている。アラブの春、シリア内戦、エボラ危機、世界金融危機はどれもほとんど予測できないものばかりであり、移民のパターンとプロセスに影響を与えてきた。移民の数の増加ペースは比較的安定しているが、難民の数は二倍になった。この間、送金が大幅に増加すると予想した者はほとんどいなかっただろう。移民が経済的にプラスの影響をもたらすことを裏付ける証拠はより明確になっている一方で、反移民の政治と感情が強まっている。移動中に死亡する移民が増えていることに、多くの人々が衝撃を受けている。

国際移民の未来を予測するのがきわめて不確実な試みであることは明らかだ。概念的にもデータ的にも問題があるため、移民とは誰なのか、またどのくらいの数の移民がいるのかをはっきりと特定することさえ難しい。移民はグローバルな経済的・社会的変化と密接に関連しており、そのダイナミズムは突然の変化に左右される。移民の入国とその後の地位に重要な影響を与える移民・難民受け入れの制度は、国内のつねに変化している政治的なアジェンダに左右される。移民政策は必ずしも意図したような効果を発揮するとは限らない。移民が第二・第三世代に及ぼす影響は、国や集団によって違い、モデル化することはできない。

そうは言っても、今後数十年間の国際移民の流れの形成に寄与するものと思われる、移民のパターンやプロセス、政策における現在の傾向といったものを識別することは可能である。この最後の章ではこれまで見てきた各章の主なテーマを順番に見ていくことで、これらの傾向の一部を明らかにし、簡潔に論じていきたい。

## アジアからの国際移住

本書の第1章で見た国際移民の様相とダイナミズムが今後も変化し続けていくだろうという点に関しては、大部分の専門家が同意するだろう。国際移民の規模と多様性はおそらく近い将来も増していき、直接的・間接的に世界各地に影響を与え続けるだろう。国際移民に占める女性の割合は増えていくだろう。一時的な移民および循環的な移住が、より当たり前になっていくように思われる。たとえば、高度な技能を持つ移民の規模が増す中で、国際移民が世界の経済成長に貢献する可能性は増していくだろう。超多様性（ハイパーダイバーシティ）が顕著になる中で、移民受け入れに伴う社会的な課題も増していくだろう。言い換えれば、移民が問題となる状況はこれからも変わらず続いていくということだ。

近い将来移民が最も大きな問題となるのは、おそらくアジアだろう。一九七〇年代から一九八〇年代にかけて、アジアからの国際移住が劇的に増え、その主な移住先は北米、オーストラリア、湾岸諸国だった。二〇〇〇年時点で、アメリカには七〇〇万人以上のアジア移民がおり、中国からの移民が毎年メキシコに次いで二番目に多かった。ＯＥＣＤの推定によると、オーストラリア国内のアジア生まれの移民が百万人を超え、移民全体の二五パーセント、全人口の五パーセントを占めていたとされている。また、湾岸諸国には少なくとも五〇〇万人のアジアからの移民労働者がおり、最近では二〇二二年にカタールで開催予定のサッカーワールドカップの準備のために雇用されている。

しかし、今日では〔アジア域外へではなく〕アジア域内に向かう移民が増えている。本書の初版が二〇〇七年に出版されて以来、アジアでは移民が約二〇〇〇万人増加している。国際労働機関（ＩＬＯ）によれば、一九九七年から一九九九年にかけてアジア金融危機があったにもかかわらず、アジア域内での就労目的の移住が、一九九五年以来、毎年約六パーセントのペースで増えているという。主な移民の出身国は大量の労働力が余っている貧しい国で、とくに中国とフィリピンが多いが、バングラデシュやインド、インドネシア、パキスタン、スリランカからの移住も見られる。主な移住先は、「タイガー」経済国、すなわち、日本、マレーシア、シンガポール、タイを含めた東アジアの新興工業国だ。

国際移民がさらに増える潜在的な可能性は大きい。東アジアと東南アジアの経済成長が停滞する兆候はないため、この地域がさらに多くの移住労働者を引き寄せることは確実だろう。中国は現在、日本を抜いて世界で第二位の貿易国となっている。これはとくに珠江デルタと長江デルタでわずか二〇年の間に起こったことだ。珠江デルタではすでに労働力不足が起こっており、推定で二〇〇万人の労働力が不足しているとされている。長江デルタとの競争において、珠江デルタは西に労働力を求める必要があり、最初に中国国内の他の省を、次にアジアの他の地域、さらにサハラ砂漠以南のアフリカ諸国に目を向けることになるだろう。一方、アジア地域の労働供給は、需要と同じくらいの急速なペースで増えているようだ。インド亜大陸は、労働力の莫大な貯水池であり、今後、国際移住が増す兆候を示している。フィリピンとインドネシアでも人口が急激に増しており、両国とも労働力の輸出を将来の経済戦略の重要な一環ととらえている。

アジア移民においてさらに顕著な特徴として、その多様性が挙げられる。アジア移民は、第1章で論じたダイナミズムの変化をいろいろな意味で端的に表わしている。アジア地域で移住労働者の就く仕事の多くは、家事労働や娯楽、接客、縫製、電子機器の組み立てラインであるため、女性が移民に占める割合が増えている。また、とくに北米を目指す高度な熟練技能を持った者や学生の移住も増えており、その一方で非正規移民や難民、国内避難民（ＩＤＰｓ）も増えている。この地域では一時的な移住が依然として常態だが、その理由は、大部分の移住労働が契約に基づいており、また大部分のアジア諸国が恒久的な定住移民に断固として抵抗してきたからだ。

## 国内移住

第2章の目的は、概念的な課題やデータの不備、国家政策の差異といった要素があるため、移民の定義が必ずしも単純ではないことを説明することだった。第2章、そして、本書全体を通してもっぱら国際移民について論じてきた。しかし、国内移民も含めると、定義はさらに複雑なものとなる。国内移民の数はどこの国も数えきれないくらい多い。国内移民の理由もさまざまであり、たとえば、国境が変化したり、国境が不明確で簡単に越えられる場合、国際移民との区別が難しくなることもある。

世界には二億三二〇〇万の国際移民がいるが、中国だけでも二億人の国内移民がいると推定されている。さらに、国内移民は今後数年間で、国際移民をはるかに上回るペースで増加する勢いだ。今後二〇年間で、さらに三億人の中国人が国内移住をすると見られており、言い換えれば、中国だけでも国内移民の数は二倍以上になると見込まれている。

このすさまじい規模だけでも、国内移民にこれまで以上に注目すべき理由となる。しかし、国内移民が国際移民の将来を形成する上で重要である主な理由は、国内移住の後に国際移住が起こることが多いからだ。言い換えると、田舎から町や都市に移住した人々は、しばしば次に国外に出ていくことになるということだ。これにはいくつかの説明があり、一つ目は、国内移民は自ら選ばれた人たちで、社会の中でより起業家精神に富んだ人たちから構成されており、国境を越えて移住するというさらなるリスクを取るのはそういった人たちであることが多いというものだ。さらに、この人たちは実際の移住経験があり、しばしば都市に移住した結果、より良い教育と情報を手に入れ、また収入も増えて、より多くの移動手段を選ぶことができる。都市は普通、農村よりも保守色が薄く、家父長的な雰囲気も弱くなるので、国内移住はとくに女性がより良い教育を受け、雇用も手に入れ、独立する機会を得るなど、女性解放につながりやすいとされる。

国内移住は経済開発にも貢献する。国内移住が近年の中国の年間GDPの成長に対して、最大で一六パーセントも寄与しているという推定がある。この主な理由として、国内移住は特定の地域の失業率を緩和し、他の地域の労働市場の需給ギャップを埋める一つの方法になるということが挙げられる。限定的な研究ではあるものの、国内移民が故郷への多額の送金をもたらしていることも示唆されている。ある推定によると、中国人の国内移住によって毎年三〇〇億米ドルを超える額が故郷に送金されているとされる。これは主に都市に移住した労働者が農村地域に送ったものだ。彼らの送金によって、中国の都市と農村の収入格差が緩和され、富の地域格差が減り、農村の貧困が減り、教育費と医療費の支払いにあてられ、消費と投資が促進されている。

## 気候変動

第3章では、国際移住を促している主な要因に焦点を当て、その多くが今後悪化していく可能性があることを指摘した。世界経済の構造的不平等はこれからも続いていき、近い将来移民を生む原因となり続け、その動きは、新たな通信・輸送革命と勢いを増す移住ネットワークおよび移住産業によってさらに活発になるだろう。移民とグローバリゼーションが密接に結びついた関係は、今後も続いていくだろう。

移住――国内移住も国際移住も、また自主的移住も強制的移住も――をめぐって現在最も活発に議論されているテーマの一つは、気候変動とその影響だ。気候変動がしばしば移住の原因となると見られており、干ばつと飢饉によって数百万人規模のサハラ砂漠以南のアフリカ人がヨーロッパに渡るか、または洪水によって数百万人規模のバングラデシュ人が難民化し、国境を越えてインドへと移住するだろうという予測とともに、ある種のヒステリー状態が生じてきた。

本書全体の論旨を踏まえれば、もっと筋道の通ったアプローチがあるだろう。第一に、本当に気候変動が起こっているのかという問題をめぐって依然として重大な懐疑論が存在し、もし実際に起こっているとしても、それが人為的なものなのか、それとも変化の自然なサイクルの一部なのかという議論があることに注目しておく必要がある。私としては、気候変動が起こっていることを裏付ける明らかな証拠があると考えており、その主な原因は人間の活動にあると見ているが、その影響がどのようなものとなり、いつどこで起こるのかは、明らかではないと考えている。

第二に、気候変動に対する直接的な対応策として、つねに移住する必要があるわけではないということを理解しておくことが重要だ。砂漠化や海面上昇といった気候変動の「ゆっくりと生じる」影響と、洪水などの「急激に起こる」現象とを区別することがしばしば行われるが、移住はたぶん前者に対する対応策としての最終手段であり、その前に人々は農業の方法をそれに順応させたり、海に堤防を設けたりすることもできる。一方で、このような現象の結果、実際に移住が行われているところでは、家屋や農場が永久に水没したり砂漠の砂に埋まったりしてしまうため、移住が恒久的なものとなるだろう。それとは対照的に、移住が急激な現象に対する直接的な対応策となる可能性は高いが、それはあくまでも一時的なものと見られ、たとえば洪水が退いたらもとの場所に戻ることができるだろう。

第三に、気候変動に対する対応策として実際に移住が起こっている場合でも、それによって生じる結果はさまざまであると予想される。短期的な移住もあれば、長期的な移住もあり、短距離の移住もあれば、長距離の移住もある。気候変動によって、たとえば、海岸地帯から内陸へと国内移住が加速し、また、国内強制移動が起こるだろうという共通認識が生まれている。一方、気候変動によって生じる移住の中で、国境を越えた地域間の移動を伴ったものは、ほんのわずかにとどまるだろう。

このような留保条件はあるものの、相当多くの人々が気候変動によって強制的移動を強いられることになるだろう、と大部分の識者が予測している。しかし、実際にそういうことが起こっていることを裏付ける証拠はほとんどなく、それが起こる時期や場所、被害者の数については、意見が分かれている。しかし、将来的には確実に、移住や強制的移動を引き起こす要因に気候変動が加えられることになるだろう。

## 一時的な移住

第４章では、移民が出身国の開発に与える影響について考えた。そこで主要なテーマとなるのが送金であることに今後も変わりはないと考えられ、あらゆる推定結果が、送金がこれからもさらに増え続けていくことを示している。多くの国がディアスポラの影響の可能性に気づき、彼らの動員に向けて動くようになる中で、その影響力は増していくだろう。

帰還移民も増えているようだ。第４章で見たように、帰還移民はたぶん頭脳流出に対する最善の長期的な対応策と言えるだろう。その理由の一つは、世界中で一時的な移住プログラムを導入する国が増えており、そのポイントは、いずれ本国に帰還することに対する同意に基づいて、一時的な移住労働を認めることだからだ。これは、高度な熟練労働者と単純労働者のどちらにも適用されている。

たとえば、一九九〇年代の初めに、ドイツは世界で最も多くの一時的な移民労働者を受け入れており、その後も二五万人から三〇万人近くが毎年ドイツにやって来ている。今日、こうした人々を最も多く受け入れているのはアメリカで、一九九〇年代の初め以来、その数は四倍に増え、年間五〇万人以上となっている。先進国の中で、日本は現在三位であり、年間約二〇万人の一時的な移民労働者を受け入れている。これらと比べればその数はずっと少ないものの、とくにヨーロッパなど他の先進国でも、新たな受け入れ政策が導入されており、一時的な移住労働者の受け入れが増えている。

一時的な移住労働者を増やすもう一つの方法は、非正規移民を合法化して、一時的な限られた期間だけ法的に就労許可を認めることだ。これは、二〇〇五年にスペインで実施されたもので、約七〇万人の非正規移民を合法化するが、法的な永住資格は認めないという移住労働者拡大を促す推進力の一つだった。二〇〇五年にアメリカ議会で提起された移民制度の改革案の一つであるコーニン-カイル法案は、先に帰国した非正規移民から短期労働プログラムの受け入れ対象とするものの、アメリカへの恒久的な定住は認めないという一時的移住労働プログラムを立法化するものだった。インドネシア、バングラデシュ、フィリピンから数十万人の労働者を受け入れているマレーシアも、非正規移民を合法的な一時的な移住労働者として認めようという動きに出ている。受け入れ国にとって一時的な移住労働者受け入れのメリットは、一定の期間、一定の場所で労働市場の一定の需給ギャップを埋めることができるということにある。また、社会的統合という長期的な課題も避けることができ、受け入れ国の住民の移民に対する否定的な態度や反応を部分的に減らすことができる。移民の送り出し国にとっては、一時的な移住は国内の失業を減らし、送金による資金の流入を促すことができるというメリットがある。移民がある一定期間の後で本国に帰還するため、頭脳流出がもたらす長期的な影響を避けることができ、さらに、移民が新しい技能を身につけて帰還するため、頭脳の獲得にもつながる。

一時的な移住プログラムには、主に二つの留保条件がある。一つ目は、移民の権利を必ずしも保護することにはならないということだ。たとえば、湾岸諸国の契約国内労働者の待遇について、人権擁護派からつねに懸念が発せられている。直接的な搾取が問題となっていない場合でも、一部の識者は、一時的な移住受け入れは、完全な社会統合とそれによる便益を享受する資格がある恒久的な移民と、確実に本国に帰還するために主流社会から排斥される一時的な移民という二種類の層を生み出すことが避けられないと考えている。

帰還問題は議論の第二のテーマだ。懐疑論者は、ほんの短期間だけ滞在する予定だった「ゲストワーカー」が、結局はフランスやベルギー、そしてとくにドイツなどに恒久的に定住する結果となった一時的な移民プログラムに関するヨーロッパの過去の経験に言及する。この文脈でよく使われる使い古された格言に、「一時的な移民ほど恒久的なものはない」という言葉がある。また、スイスの小説家マックス・フリッシュの「我々は労働力を呼んだが、やってきたのは人間だった」という言葉もある。言い換えると、手頃な収入を得て、住む家を見つけ、社会的なネットワークを構築すると、つまり、そこに「居心地の良さを感じる」ようになると、人々は求められても出身国に帰りたくなくなるものだ。

## 非正規移民の規制から管理へ

必ずしもメディアの報道や一部の政治家が強調するようなものでないとしても、第5章の説明によって、非正規移民がすべての関係者にとって深刻な問題となることを、明確にすることができたことを私は願っている。非正規移住の流れを止める動きは、これからも世界中の移民政策のアジェンダにおいて、非常に高い位置を占め続けることになるだろうが、近年では、この点をめぐって、政策立案者と研究者の両者が使う言葉が、微妙にではあるが変わってきている。以前は非正規移民（実際には国際移住全般）を規制（control）するという議論であったが、現在では、非正規移民を管理（managing）すると言われる傾向にある。

これは、非正規移住に対する国家の真剣さが薄れたということではない。実際、たとえば、二〇一四年だけでも、イギリスは非正規移民問題への対応に約五〇億米ドルを投じているという推定がある。また同時に、非正規移民を完全に止めることはできないという共通認識が広がっており、非正規移民はこれからも国際移住の将来に関わる重要なテーマであり続けるだろう。

その第一の理由は、たとえば、さまざまな社会の間で経験されている人間の安全保障の水準における格差が広がっている等、国際移住――非正規移住も含む――の規模を決定する力が強力であるためだ。そして、第二の理由は、非正規移住に対応する政治的な意志を欠く国もあるためだ。これは、とくに非正規移住が失業を減らしたり、国際送金や国外からの投資の源泉となるといった利益をもたらしたりすると考える特定の送り出し国に当てはまる話だ。移住先の国においても、非正規移動が経済的な観点から非常に役に立つとみなされることがある。規制緩和、自由化などにより経済がよりフレキシブルになった結果、不安定な条件下にあるさまざまな形態の単純労働や半熟練労働に対する需要が増している。そうしたなか非正規移民が安価な労働力となり、正規移民や国民が働かない分野において働きたがることが多いのである。

第三の理由は、非正規移住を減らすことを目的とした政策が時に効果的でなく、意図しない結果をもたらすことがあるためだ。政策と結果の関係を経験的に証明することは難しいが、多くの研究者は、たとえば、ヨーロッパの庇護希求者に対する制限が厳しくなったことで、密航者の流入に拍車がかかる結果になったと考えている。簡単に言うと、迫害から逃れるためや、就労目的のために今後もヨーロッパに入域したいと考えている人々がおり、庇護申請によって合法的に入域できない場合には、密航業者を雇って不法に入域する人々が出てくるということだ。

国境管理やバイオメトリクス（生体認証）、ビザといった個別の規制措置では長期的に見て非正規移住を減らすことはできないことが、明らかになっている。こうした取り組みは、出身国の治安を良くして、生活を改善するための開発目標の達成や、合法的な移住機会を拡大したりするといった非正規移住の原因そのものに対処する積極的な措置と組み合わせて行う必要がある。一方で、時に主張されるように、個々の国家による規制を完全に撤廃し、国境を開放するように求めることは非現実的だ。大部分の識者は現在、非正規移住が近い将来も続くだろうと考えている。

## 国際的な難民制度の改革

国際的な難民制度に対する圧力が強まっている。第6章で見たように、世界の難民の数は過去五〇年で最高に達しており、その数がすぐに減ることを示す明らかな兆しは見られない。長引く困難な状況の中で予測可能なしっかりとした解決策を見出せない難民の割合は増えている。世界中の難民を取り巻く状況は、おそらく悪化しているだろう。庇護希求者の数もこれまでの記録を更新し、世界中の庇護希求者の規模は、合法的な難民ではないと認定される割合が高まっているという現実の中で、さらに複雑化している。

また、資金面での危機が起こっている。先進国は、受け入れている庇護希求者の数は比較的少ないものの、UNHCRに対して庇護を必要とする多くの難民の保護と支援のために拠出している以上の資金を、自国の庇護制度に投入している。

難民の定義は、現実とますます隔たりを見せるようになっている。とくに一九五一年難民条約は環境問題による難民に言及していない。気候変動が強制的移住〔難民の発生〕に与える影響がはっきりしていないことは明らかではあるものの、そうした人々が助けを必要としていることはほぼ間違いない。現状では、そのような人々を保護するための法的な基盤は存在せず、保護する権限や能力を持つ国際機関も存在しない。

つまり、国際的な難民制度は国家に不合理な要求を突きつけており、もはや難民を保護する機能を果たしていないということだ。このような中で、何をすべきだろうか。

第6章で示したように、一九五一年難民条約がどんなに時代遅れのものとなっているにせよ、この条約について再交渉しないことに対する十分な理由はある。しかし、国際的な難民制度を改革する必要性も高まっているように思われる。第一に、国際的な難民保護制度は、単に移住先の国の責任だけに焦点を当てるのではなく、強制移動の原因を引き起こしている国に説明責任を果たすよう求め、制裁を科す必要がある。第二に、遠隔地域からの庇護申請を減らす必要があり、そのための手段として、ＩＤＰｓへの保護強化や近隣諸国での効果的な庇護申請処理、本格的な密航取り締まりが考えられる。第三に、移住先の国の責任分担に関する公正な制度を考えることによって、庇護の負担を軽減すべきだ。

最後に、現在の難民保護・支援の制度設計について真剣に考える必要がある。ＵＮＨＣＲは、ＩＤＰｓなどへの対応が増えているが、これは組織として公式の権限を付与された仕事ではない。国際移住機関（ＩＯＭ）などの他の機関も、庇護希求者や難民に関わる仕事が増えている。移民と難民の概念上の区別はますます曖昧になっており、実際にその区別をすることは非常に難しくなっている。

## 移民を尊重する

第7章では、受け入れ国の社会に対する移民の経済的、政治的、社会的、文化的な影響に関する主要な議論の一部について見た。移民の規模と多様性が増し続けていくだけではなく、それらが新しいグローバル経済、新しい安全保障ドクトリン、そして根源的な人口変動に順応していく中で、いくつもの社会がこれからも移民の社会的統合という課題と格闘していくことは間違いない。

しかし、多くの識者は、移民の権利が、より広範囲にわたる国家的および国際的な経済、政治、そしてとくに安全保障上の問題に埋もれてしまうのではないかと恐れている。移民の権利を擁護することは、近い将来、移民の政治学におけるきわめて重要なテーマとなっていくだろう。

第7章では、エスニック起業家や高度な技能を持つ人々、トランスナショナルな人々など幅広い成功を収めている移民の実例を紹介したが、失業したり、低い地位の仕事にしか就けなかったり、貧しい生活を強いられている移民グループもいることも指摘した。実際、移民が何らかの不利益を強いられる可能性を示す十分な証拠がある。移民はしばしば、法的な権利を持っていなかったり、持っていても限られていたり、刑事司法制度で差別されたりすることがある。教育や医療へのアクセスも限られており、市民社会から排除されることもたびたびある。また、嫌がらせや人種的・宗教的な憎悪や暴力の対象となることもある。

とくに女性は固有の課題に直面する。もちろん、大成功している女性もおり、移住が女性のエンパワーメントとなっている例もあるが、結婚や家事労働、または娯楽業や性産業で働くために移住する女性は、とくに搾取され、社会的に孤立しやすい。人身取引の問題については、すでに説明したとおりだ。移民女性は多くの国の労働市場で差別を経験している。妊娠したら解雇され、国外退去処分になったりすることもあり、またエイズ／ＨＩＶに感染した場合、社会的に不当な非難を浴びることもある。移民女性は、とくに貧しく取り残された地域で配偶者からの暴力にさらされる危険もある。さらに、男性と比べて家にいることが多いため、新しい社会に統合するために必要な言語能力や社会的ネットワークを築くことが難しい。

子どもにはとくに注意が必要だ。子どもは慣れ親しんだ生活様式から引き離され、言語や文化が全く違う社会に身を置いていることから、大人に比べて心的外傷を受けやすい。移住が家庭内でのジェンダー間や世代間の緊張を生むこともあり、それが子どもの幸せに直接的な影響を与えることもある。最悪の場合には、とくに少女や若い女性に対する暴力や虐待につながる。移民の子どもは、成長するにしたがって、疎外感を持ち、とくに差別や排外主義に遭った時には、自らのアイデンティティや帰属感について不安を抱えることもある。

## より理性的な議論のために

本書の主な目的は、国際移民に関するより理性的な議論に向けた論調を提起することであり、その議論は、誇張されたメディア報道に依拠するのではなく、エビデンス（証拠）について考えるものであるべきだ。また、ローカルな問題をグローバルな文脈で考える必要がある。たった一つや二つの集団だけに焦点を当てるのではなく、人口移動の総体に目を向けることも重要で、少数の集団だけに焦点を当てたり、ましてや彼らを悪者扱いしたりすることなどあってはならない。議論の際には、「移民」という言葉を明確で一貫性があり、非差別的な方法で扱わなければならない。また、統計の限界も理解しておかなければならない。関係するすべての人々のために、移民のあらゆる側面に関するメリットとデメリットについて、バランスのとれたものの見方が必要なのである。

# 文献案内

国際移民、および難民については膨大な学術文献が存在する。さらなる読書案内のためにここでは、そのうち本書の各章のトピックスをカバーするいくつかの重要な文献を紹介するが、もちろん網羅的なものではないことをあらかじめ断っておく。本書が依拠した多くの研究は学術雑誌に収録されたものである。それらの学術雑誌は以下の通りである。

*Asia and Pacific Migration Journal*（Quezon City: Scalabrini Migration Center）

*International Migration*（Washington, DC: Institute for the Study of International Migration）

*International Migration Review*（New York: Center for Migration Studies）

*Journal of Ethnic and Migration Studies*（Brighton: University of Sussex Centre for Migration Research）

*Journal of Refugee Studies*（Oxford: Refugee Studies Centre）

オックスフォード大学の移民政策社会研究所（ＣＯＭＰＡＳ）のウェブサイト（www.compas.ox.ac.uk）は移民政策研究所（the Migration Policy Institute）のウェブサイトである the Migration Information Source（www.migrationinformation.org）と同様、さらなる読書案内の出発点として有用である。国際移住機関（www.iom.int）や国連難民高等弁務官事務所（www.unhcr.ch）のサイトも良い情報源である。

## 第１章　なぜ移民が問題なのか

IOM, *World Migration 2013: Migrant Well-Being and Development*（IOM, 2013）は、国際移住機関（ＩＯＭ）の最新の定期刊行物で、現在の国際移民に関する論点とデータを概観したものである。

Stephen Castles, Hein de Haas, and Mark Miller, *The Age of Migration: International Population Movements in the Modern World*（5th edn, Macmillan, 2013）（第４版の日本語訳は関根政美・関根薫訳『国際移民の時代』名古屋大学出版会、二〇一一年）は現代の移民のパターンとプロセスに関する優れた教科書で、主要な理論的アプローチおよび議論を概観している。

Robin Cohen（ed）, *The Cambridge Survey of World Migration*（Cambridge University Press,

1995）は過去三世紀の間におけるさまざまな国際移住の論点に関する短い論文を網羅的に収録したものである。

## 第2章　移民とは誰のことなのか

Alex Aleinikoff and Douglas Klusmeyer（eds）, *Citizenship Today: Global Perspectives and Practices*（Carnegie Endowment for International Peace, 2001）は社会的統合や市民権に関する異なるモデルや政策についてグローバルかつ網羅的に概観したものである。

Paul Boyle, Keith Halfacree, and Vaughan Robinson, *Exploring Contemporary Migration*（Longman, 1998）は国際移民に関する概念や分類を概観したものである。

Global Commission on International Migration, *Migration in an Interconnected World*（GCIM, 2005）.

R. Iredale, S. Hawksley, S. Castles（eds）, *Migration in Asia-Pacific*（Edward Elgar, 2003）.

Steven Vertovec and Robin Cohen（eds）, *Migration, Diasporas and Transnationalism*（Edward Elgar, 1999）は直近の二〇年間におけるディアスポラやトランスナショナリズムの重要な学術論文および書籍の一部を収録したものである。

## 第3章　移民とグローバリゼーション

Stephen Castles and Alastair Davidson, *Citizenship and Migration: Globalisation and the Politics of Belonging*（Macmillan, 2000）は移住およびアイデンティティの新しい形に対するグローバリゼーションの影響を分析したものである。

Stephen Castles, Hein de Haas, and Mark Miller, *The Age of Migration: International Population Movements in the Modern World*（5th edn, Macmillan, 2013）（第4版の日本語訳は関根政美・関根薫訳『国際移民の時代』名古屋大学出版会、二〇一一年）はとくにグローバリゼーションと国際移民の関係に関する分析で説得力を有する。

Peter Stalker, *Workers without Frontiers: The Impact of Globalization on International Migration*（Lynne Rienner, 2000）は労働移民に関する動向と政策を分析するグローバルな視点を盛り込んでおり、労働者にとって国境開放が持つ意味について論じている。

## 第4章　移民と開発

*Towards the 2013 High-Level Dialogue on International Migration and Development*（UN, IOM, 2013）は移民が送り出し国および受け入れ国の双方の開発に与える影響に関する最新の研究成果を概観したものである。

Ron Skeldon, *Migration and Development: A Global Perspective*（Longman, 1997）は移民と開発の

関係についてとくにアジアに焦点を当てて概観したものである。

UNDESA, *International Migration Report 2013*（UNDESA, 2013）は、現代の国際移民に焦点を当てており、データおよび詳細な分析を含む。

## 第5章　非正規移民

Ko-Lin Chin, *Smuggled Chinese: Clandestine Immigration to the United States*（Temple University Press, 1999）はアメリカと中国の間の密航業者について詳細に分析をしたものである。

Bill Jordan and Franck Duvell, *Irregular Migration: The Dilemmas of Transnational Mobility*（Edward Elgar, 2003）は非正規移民に関する理論を概観したものであると同時に、非正規移民の事例についても扱っている。とくにイギリスに焦点を当てている。

David Kyle and Rey Koslowski（eds）, *Global Human Smuggling: Comparative Perspectives*（2nd edn, Johns Hopkins Press, 2011）は世界中の人身取引および密航についての研究を収録したものである。

## 第6章　難民と庇護希求者

Barbara E. Harrell-Bond, *Imposing Aid: Emergency Assistance to Refugees*（Oxford: Oxford University Press, 1986）.

Gil Loescher, *The UNHCR and World Politics: A Perilous Path*（Oxford University Press, 2001）は国際的な難民レジーム、およびＵＮＨＣＲの展開について記述したものである。

Susan Forbes Martin, *Refugee Women*（2nd edn, Lexington Books, 2003）は難民女性、および政策提言に焦点を当てたものである。

UNHCR, *The State of the World's Refugees*（Oxford University Press, 2012）（二〇〇〇年版の日本語訳は『世界難民白書　２０００――人道行動の50年史』）はＵＮＨＣＲから二年に一度刊行される定期刊行物の最新版であり、最新の庇護および難民に関する論点やデータについて概観したものである。

## 第７章　社会における移民

George Borjas, *Friends or Strangers: The Impact of Immigration on the US Economy*（Basic Books, 1990）は二〇世紀のアメリカにおける移民受け入れの経済的影響について分析したものである。

Robin Cohen and Zig Layton-Henry（eds）, *The Politics of Migration*（Edward Elgar, 1997）は移民および移住に関する政治的影響について概観したものである。

Alejandro Portes and Ruben Rumbaut, *Immigrant America: A Portrait*（3rd edn, University of California Press, 2006）はアメリカにおけるさまざまな移民受け入れについて分析したもので

ある。

## 第8章　国際移住の未来

Wayne Cornelius, Phil Martin, and Jim Hollifield（eds）, *Controlling Immigration: A Global Perspective*（2nd edn, Stanford University Press, 2003）は世界中の移民政策、およびその根底にある指針について比較したものである。

Foresight, Migration and Global Environmental Change（Department for Business, Innovation and Skills, 2011）は、国際移住および強制的移住に対して気候変動が持つ示唆についての最も優れた分析および予測である。

Ari Zolberg and Peter Benda（eds）, *Global Migrants, Global Refugees: Problems and Solutions*（Oxford University Press, 2001）は、現在と未来の国際移民および難民問題に関するさまざまな研究を収録したものである。

# 監訳者解説

## 本書について

本書はイギリスのオックスフォード大学出版局（Oxford University Press）から出されているシリーズである、ベリーショート・イントロダクション（A Very Short Introduction）の一冊として二〇一六年に出版されたカリド・コーザー著『国際移民』第二版（Khalid Koser, *International Migration*, 2nd edition）の完訳である。訳者は翻訳家の平井和也氏、監訳は本解説を執筆する是川夕が担当した。

以下では著者の紹介、日本における移民の位置づけについて押さえた上で、以下、主に日本に暮らす読者である私たち[1]が本書を読んでいく上でポイントとなる点について解説を加える。

1　以下、「私たち」とは日本で暮らし、この社会を構成している（と自ら自認する）多くの人々を指すものであり、特定の属性を持つ人（日本人、日本国籍保有者）に限定したものではないことをあらかじめ断っておく。

# 著者について

カリド・コーザー博士は難民問題、および安全保障の専門家であり、マーストリヒト大学で教鞭を執るとともに、スイスに拠点を置く非営利財団であると同時に国際的なテロ対策ための国際機関でもあるグローバル・コミュニティ・エンゲージメント・アンド・レジリエンス基金（ＧＣＥＲＦ）の執行理事（Executive Director）を務めている。このほかにもアメリカ・ブルッキングス研究所やオーストラリアのローウィー研究所のシニアフェロー、イギリス王立国際問題研究所およびジュネーブ国際開発高等研究所のリサーチアソシエートを務めるなど、多くの要職を歴任している。また、ダボス会議の国際移民に関するセッションの議長も務めてきた。本書は著者が長年大学で教鞭を執った経験、およびその他さまざまな政策を提言した経験に基づいたものであり、国際移民に関する幅広い論点を簡潔にまとめたものである。

なお、ここで若干、私自身の経験について書くことをお許しいただきたい。

国際移民に関する国際的なネットワークにはいくつかあるが、その中でも最も長い歴史を持ち、現在でも最もアクティブに活動しているのが、パリに本部を置く経済協力開発機構（ＯＥＣＤ）に設けられた移民政策専門家会合（Système d'observation permanente des migrations: SOPEMI）である。この会合は第一次オイルショックが起きた一九七三年に設置されたもので、加盟各国の移民政策の専門家が集まり、国際移民に関する情報を共有、分析すると同時にその成果を年に一回、「国際移民見通し（*International Migration Outlook*）」として刊行していることで知られている。私は二〇一三年以降、日本からの専門家として同会合に参加してきており、加盟各国の専門家たちのネットワークに参加する機会を得てきた。

私自身はコーザー博士と直接の面識はないものの、同会合に古くから参加するメンバーの一人に聞いたところ、コーザー博士は同会合への参加こそこれまでないものの、同会合に参加する主にヨーロッパの専門家たちと共通のネットワークに属しており、昔からよく知っているとのことであった。

本書の内容は現時点における国際移民に関する国際的なスタンダードに則ったものといってよいが、それは上記のことからも納得のいくことである。実際、本書の内容はＯＥＣＤをはじめとして、私がこれまで関わってきた他の重要な国際的なネットワークである世界銀行のＫＮＯＭＡＤ（the Global Knowledge Partnership on Migration and Development）や、主に送り出し国の視点から移民について議論するＧＦＭＤ（Global Forum on Migration and Development）といった国際的なネットワークにおける議論とその基調を共有するものといってよい。

それでは、以下で本書のポイントについて見ていきたい。

## 日本における移民の位置づけ

本書の内容をより深く理解するため、まず日本における移民の位置づけについて再確認しておこう。日本で移民を論じる際に見られる最も大きな特徴は、「他の先進国と異なり日本に移民はいない」という「日本例外主義[2]」といってよい。これは日本政府がその公式見解において取っている立場といえばわかりやすいかもしれないが、実はそれだけにとどまらず、それを批判する側にも及んでいるといえば、果たして驚かれるであろうか。

なぜなら、日本政府が公式に移民政策を取っていないとする立場を批判する人たちにとって、今現在、日本で暮らす「移民」はそうした日本政府の欺瞞が生んだ、本来あってはならない（あるいは、本来いるはずがなかった）人々であり、他の国で見られる移民とはその本質を異にすると考えるためである。その意味でやはり日本は例外的な国ということになるのだ。

しかしながら、本書を読むと、こうした見方がいかに狭いものであるのかがわかる。本書によれば、そもそも移住とは国内、国際とを問わず、歴史的に人類の生存のための有力な選択肢の一つであり、その発生は現在、グローバルな社会経済構造に起因している。そのため、日本に移民がいるのだとしたら、それはひとり日本の政策の歪みによって生じたのではなく、むしろそれを生み出すグローバルな構造がそこにあるからと考えるのが妥当といえよう。

つまり、私たちが今、経験しつつある本格的な移民社会の到来は、まさに今、グローバルに起きている社会変動の一端なのであり、決して日本だけに見られるイレギュラーな出来事ではないのだ。

そのような視点から読んでいくと、本書で論じられていることの真の文脈が見えてくるだろう。たとえば、本書で扱われている移民問題をどこか遠い国の出来事としてではなく、自分たちの問題として捉えることが可能になる、技能実習制度のように、日本に固有の問題と思われていることが、実はグローバルに共通の課題とされていることが見えてくる、といったことだ。それは自分たちの経験していることが、一筋縄では解決しないということを意味すると同時に、その解決のために広く世界中から知恵を募ることができることをも意味する。

## 移民とは誰か

本書ではイントロダクション（第1章）に続き、第2章において移民の定義について論じている。まず、移民をどのように定義するのかという点について、自発的／強制的な移民、経済的／政治的な移民、正規／非正規移民などが例として挙げられているが、それらは一見明確なようで相互に重複し、容易に変化することもある、曖昧なものであることが強調されている。

このことは、日本で私たちが経験している移民の定義についての論争が、日本に限らず世界共通

2 この点については明石純一『入国管理政策――「1990年体制」の成立と展開』（ナカニシヤ出版、二〇一〇年）が詳しい。

のものであることを示している。誰を移民とするのか、ということはつねに流動的でかつ論争的なものなのだ。

また、より実践的な課題として移民に関する統計把握の難しさについても述べられている。イギリスのような国でさえ、移民統計には多くの不備があることが指摘されているが、これは移動する人々について記録することは、定住する人たちに対するそれよりも技術的に困難であることの表われである。

実はこの点において、日本の入管統計は優れていることは記憶しておいたほうがいいだろう。日本では「出入国管理統計」（出入国在留管理庁）において国籍を問わずすべての出入国をカウントし、毎月公表している。また、「在留外国人統計」においては、在留資格を持って日本に現住する外国籍人口を半年ごとにリアルタイムで把握することができる。さらに、日本では在留資格に関するデータベースから、その時々の非正規滞在者をリアルタイムに把握することも可能である。

これは、世界で最も進んだ先進国の一つであるイギリスにおいてさえ、毎年どれだけの人が出国、入国しているのかを確信を持って断言することができないと指摘する本書の指摘を踏まえれば、驚くべきことである。また、非正規滞在者については、日本以外のほとんどの国では実績値ではなく、推計値としてしか得られないことも重要であろう（第5章）。

つまり、日本は移民を把握するためのインフラにおいて、他の国よりも進んでいるのだ。

もちろん、多くの国では移民人口という場合、日本の統計のように国籍ではなく、出生地に基づく分類が採用されているなど、重要な点で異なることも多い。実際、私の推計によると、日本以外の国で産まれたものの、その後、日本国籍を取得することで統計上、日本人にカウントされる帰化人口だけでも二〇一五年時点で少なくとも四六万人に達するなど[3]、今後、国籍のみならず、出生地に基づく統計も必要となってくるであろう。

こうした課題がありつつも、今後、私たちが本格的な移民社会を迎えるにあたって、その前提となる社会的インフラが図らずも充実しているということは大きな助けとなるだろう。

## 国際移民を生み出すグローバルな社会経済構造

本書では国際移民を生み出すのは、人口構造、経済水準の地域間格差、および気候変動や、地政学的なリスクなどグローバルな社会経済構造であるとの立場を取っており、二国間、あるいは特定の地域間の歴史的な経緯や受け入れ国の政策のみに還元する立場は取っていない。また、グローバルな社会経済構造といっても、本書では国際移住の要因をかつて開発の世界でみられたような、南北間の格差、貧困のみに求めるものではなく、移住希望者のキャパシティなど、より複合的な要因の重要性を強調している点も特徴である。具体的には第3章、第4章において展開されている議論

3 是川夕「日本における国際人口移動転換とその中長期的展望——日本特殊論を超えて」『移民政策研究』一〇号（二〇一八年）、一一三—一二八頁。

がこれに相当する。

第3章では移民とグローバリゼーションの関係について扱っており、そこで起きている重要な変化について論じている。それらは先進国と新興国、発展途上国間の格差の拡大、途上国における高い失業率などの雇用危機、先進国における労働市場の階層化といった移住を促す動機付けとなる構造変化であり、また通信・輸送革命、移住ネットワーク、移住産業の発達といった手段的な面での発展である。

もちろん、一方で思ったほど国際移民の数は増えていないということも紹介しており[4]、その要因として、人は基本的に生まれ育った場所から動きたがらないといったことや、依然として途上国の多くの人にとって国際移住はハードルが高いこと、あるいは目的地である先進国の多くが抑制的な移民政策を取っているといったことなどを挙げている。しかしながら、移住を促す要因は地域や国を問わず、グローバルに見られる特徴であり、それがグローバルな国際移住の拡大をもたらしているとする点が重要である。

第4章では移住と開発という、主に送り出し国側の視点から見た議論を紹介している。送り出し国政府、ないしは移民本人の視点から見た場合、国際移住は出身国の家族への国際送金、移住先で結成された同郷団体からの各種支援、出身国への帰還による移住先からの資金やノウハウの持ち帰りといったポジティブな側面があるとされる。一方、頭脳流出や移住と非移住世帯の間での経済格差、地域間格差の拡大といったネガティブな側面もあることも指摘されている。

いずれにせよ重要なことは、ポジティブ、ネガティブな側面があるにもかかわらず、国際移住が送り出し国の社会、政府、そして個人のいずれにとっても重要なチャンスと捉えられているということである。第3章で紹介されたグローバルな社会経済構造と並んで、各アクターにおけるこういったもくろみが国際移住によるグローバルな社会変動のダイナミズムを生み出しているのである。

こうしたもくろみは、日本にやってくる移民にも当てはまりうることを明記しておくべきであろう。彼女／彼らはグローバリゼーションの「ひ弱な被害者」ではなく、むしろその荒波に乗り出すたくましい挑戦者――リスクテイカーといえる。

しかしながら、日本を取り巻くグローバルな国際移民の流れ、その社会経済構造についてはわかっていないことも多く、日本ではまだまだ国内、あるいは特定の国との二国間関係において、移民／外国人の流入を説明しようとする向きが強い。冒頭で紹介した「日本例外主義」はその代表であり、そこではグローバルな社会経済構造ではなく、日本の政策の歪みが実質的な移民労働者の受け入れを生んでいるとの見方が示されている。またその結果、仮にこうした歪みを取り除いた後、日本にやってくる移民がいるのかどうかについては、いずれの主張でも定見はなく、「もはや日本は国際移住の目的国となりえないのだ」といった漠然とした悲観論が繰り返されているのが現状だ。5

4　本書によれば、世界人口の三パーセント程度。

5　数少ない例外として、是川夕「誰が日本を目指すのか？――『アジア諸国における労働力送出し圧力に関する総合的調査（第一次）』に基づく分析」『人口問題研究』七六巻三号（二〇二〇年）、三四〇―三四三頁。

さらに、アジアの国際移住については、本書第8章においてもその将来的な重要性が指摘されており。またそこにおける移動形態は西半球におけるのとは異なって、永住ではなく一時的移民による出稼ぎが中心となるであろうこと、それは送り出し国、受け入れ国の双方、また移民本人にとっても利益のあるものであろうことが指摘されている。これは技能実習制度を始めとした日本の現在の移民受け入れ政策が国際的にみてスタンダードなものとなっていく可能性を示したものと考えれば、驚くべきことである。

なお、国際移民を生み出すグローバルな社会経済構造とそこにおけるリスクテイカーとしての移民という見方は後に「社会における移民」を扱う第7章でも再度、強調されるものである。

## 非正規移民、および難民・庇護希求者

一方で、ともすると扱いが難しく、正面から論じられることを避けられがちなカテゴリーとして第5章、第6章では、非正規移民、および難民・庇護希求者が挙げられている。

そこで重要な点はまず、非正規移民（irregular migrant）という概念が非合法移民（illegal migrant）概念に取って代わってきたことを指摘していることだろう。これは日本で言えば入管法への違反はそれ自体法律違反ではあるものの、どのような人であれ、その人の存在自体を非合法な存在と言うことはできないという、国際的な人権規範に基づいたものであるとされる。これは日本

において不法滞在という言葉が依然として行政やマスコミで使用されていることを踏まえれば、重要な指摘である。

また、本書では非正規移民が流動的な存在であることや、その発生にあたっては手続き的な要因が大きく、たとえばオーストラリアにおける非正規移民の多くは、学生ビザの切れたイギリス人であるといったことを指摘している。さらに非正規移民は治安や国家の安全保障といった問題と結びつけられやすいが、それらのほとんどが事実ではないこと、その一方で非正規移民の存在は国民の政府に対する信頼と分かちがたく結びついており、感情的な対立へと結びつきやすいことも指摘されている。

本書は非正規移民の発生とより直接的に結びついていることとして、密航や人身取引の問題についても言及している。この両者は多くの場合混同されているが、実際には別物であり、とくに前者についてはビジネスとしての合理化や、競争によるコストの低下が生じていることも紹介されている。その一方で、密航がつねに危険と隣り合わせであり、その途上で多くの移民の命が失われていることにも警鐘を鳴らしている。

難民と庇護希求者については、一九五一年に制定された難民条約を始めとして、国際的な難民制度について解説している。その中で、本書は難民、および庇護希求者の定義が変化、拡大してきていることを指摘している。具体的には難民や庇護を求める人が特定の政治的迫害ではなく、一般的な紛争の危険、あるいは性的指向やジェンダーを理由とした迫害、気候変動などに起因する自然災害からの避難など、かつて難民や庇護を申請する上で想定されなかったものが見られるようになってきているということだ。

日本ではこれらのイシューに関してはきわめて低調な議論しかないものの、[6] 本書を読むことでたとえば、「偽装難民」といった考え方がいかに的を射ていないものであるかを知ることができるだろう。なぜなら正規移民――非正規移民――難民、庇護希求者、これらのカテゴリーはいずれも同一の人物がその時々の状況によって、相互に行き来するものであり、いずれかのカテゴリーに分類されることをもって、他のカテゴリーでの「偽装性」を主張することは、国際移住の実態を踏まえれば、誤謬でしかないためである。

## 社会における移民

第7章では「社会における移民」として、受け入れ国に移民がもたらす影響として、経済、第二・第三世代、政治、人口、そして文化の側面から論じている。

移民の受け入れが現地の経済に与える影響としては、現地の雇用、賃金水準への影響、および公的財政に与える影響が注目されている。しかしながら、既存の研究成果を見ると、移民が現地経済に与える影響は両義的であり、一般に予想されるように明解なものではないとする。その理由は、移民のもたらす量的インパクトがそもそも僅少であるということに加え、移民受け入れと同様に現地経済に影響を与える貿易自由化や規制緩和などの影響と切り離して分析することが困難なためである。

むしろ本書が重視するのは実際のエビデンスよりも、それを受け止める現地の人々が移民に対して持つイメージである。これは経済のグローバル化や技術革新、そして人口構造の変化により、社会が大きく変化する中で、世界金融危機を始めとした経済の先行きに対する不透明感が増し、移民がその都合の良いスケープゴートとされているためであるとする。

移民第二世代、第三世代の経済的パフォーマンスについては、第一世代の場合と異なり、現地人と比較してもとくに遜色がないとする楽観的な見方から、外見上の特徴などによる何らかの「エスニック・ペナルティ」が持続する人たちがいるとの悲観的な見方まであるとしている。本書で参照されている国際比較研究においても、ヨーロッパ系の移民の子孫はとくに現地人と比べて、経済的な成功において不利をこうむっていないものの、非ヨーロッパ系の移民の子孫は不利な状態にあることが明らかにされている。また、このようなエスニック・ペナルティの要因として、現地の統合政策の原則の違いによる影響は認められない。むしろ重要なのは、抽象的な理念よりも、言語、教育、労働など社会生活の具体的な側面における支援策であり、アメリカがその成功例であるとして

6　数少ない例外として非正規滞在者に関する研究としては、鈴木江理子『日本で働く非正規滞在者——彼らは「好ましくない外国人労働者」なのか?』(明石書店、二〇〇九年)および、高谷幸『追放と抵抗のポリティクス——戦後日本の境界と非正規移民』(ナカニシヤ出版、二〇一七年)を挙げることができる。日本における難民政策については、日本の難民受け入れ人数が極端に少ないこともあり、まとまった研究を管見の限り知らない。

いる。

移民と政治という問題については、ヨーロッパ諸国におけるイスラム原理主義の高まりや、それに対する恐怖感に根ざす、排外主義的な極右政党の台頭といった問題を取り上げている。また、移民の非伝統的な形での政治的動員や、帰化した移民が有権者として影響力を持つようになること、および外国人に対する国家間の互恵的な形での地方参政権の付与といったことが紹介されている。

国際移民の受け入れが人口減少を緩和する効果についてはコンセンサスがあるものの、それが低出生力による人口減少のすべてを相殺することはないとされる。その理由については、やってきた移民もやがて高齢化するためであり、またもともとは高かった移民女性の出生力がしだいに現地の水準にまで低下するためであるとされる。

最後に非経済的な影響として、移民は受け入れ社会の文化を豊かにすることが述べられている。ニューヨークやロンドン、香港といった都市は移民がもたらす多様性の影響を最も感じることができる都市であるとされる。たしかにこうしてもたらされる多様性はプラスとマイナスの両面があるとするものの、こうした変化自体はもはや不可逆的なものであるとされる。

こうした点について、日本の状況はどうなっているのであろうか。日本ではまだ外国人／移民人口の量的インパクトが相対的に小さいことから、経済的な影響に焦点を当てた研究はまれであり、もっぱら非経済的な側面に注目したものが多い状況である。たとえば多文化共生という理念は今や多くの自治体や政府の掲げるものとなっているが、それはこうしたことを反映したものといえよう。

労働市場における移民／外国人という論点については、日系ブラジル人を中心として派遣労働など不安定就労層に組み込まれることが多いことや[7]、留学生のコンビニ等でのアルバイト[8]、または技能実習制度に関する研究[9]やルポルタージュ[10]が多く見られる。しかしながら、日本人労働者に対する影響や実際には外国人労働者の多数を占めるハイスキル層についてはほとんど明らかにされていない[11]。数は少ないもののこうした点について実証的に明らかにした研究では、高学歴中国人男性に限ってみれば、専門職に就く確率が日本人を上回ることや、日本型雇用の特徴として新卒時に正社員として就職すれば、日本人と遜色のない待遇を受ける可能性が示されているが[12]、さらなる研究の進展が望まれる。

第二世代については不就学問題や高校進学率が低いといったことが問題とされてきた。その背景には親世代の日本での定住意向が不透明であることや、子どもたち自身に適当なロールモデルがな

---

7　梶田孝道ほか『顔の見えない定住化――日系ブラジル人と国家・市場・移民ネットワーク』（名古屋大学出版会、二〇〇五年）。
8　芹澤健介『コンビニ外国人』（新潮新書、二〇一八年）。
9　津崎克彦編著『産業構造の変化と外国人労働者――労働現場の実態と歴史的視点』（明石書店、二〇一八年）。
10　澤田晃宏『ルポ　技能実習生』（ちくま新書、二〇二〇年）。
11　こうした点について国内外の研究状況を整理したのが、川口大司編『日本の労働市場――経済学者の視点』（有斐閣、二〇一七年）である。
12　是川夕『移民受入れと社会的統合のリアリティ――現代日本における移民の階層的地位と社会学的課題』（勁草書房、二〇一九年）。

いこと、あるいは多様性に対して不寛容な日本の学校文化といったことが指摘されてきた。しかしながら、一部には同程度の社会経済的地位にある家庭出身の日本人と比較して、移民第二世代の子どもたちは相対的に高い教育達成を示すという研究も見られるなど[13]、その詳細な動向についてはさらなる研究の進展が待たれる。

移民と政治という論点については、排外意識との関連で論じたものはあるが[14]、それ以外では日本ではまだこれといった研究はないといってよいだろう。ただ、実際には帰化した移民の間にすでに国会や地方議会で議員に立候補して当選している例もあることから、今後、そういった動きが出てくるまでにそう時間はかからないであろう。

最後に人口問題と移民という論点については、日本においても同様の議論が見られ、目下、特定技能など外国人労働者受け入れのルートが拡大しているのは、そういった事情を受けてのことであるといえる。しかしながら、移民受け入れによって人口問題を解決することは不可能であることや、それにもかかわらず移民／外国人の流入はこのままのペースで進んでも、日本の人口構造に大きな影響を与えることが明らかにされていることを指摘しておく必要があるだろう[15]。

以上のことから、本書で整理された状況はそのすべてではないものの、日本の状況にも適合的であり、また今後の展開を展望する上で非常に示唆に富んだものであるといえる。その際に重要なのは、移民の社会的統合はどの国においてもチャレンジングなものであり、またその把握にあたっては移民自身の示すダイナミズム、およびその原動力であるリスクテイカーとしての資質や起業家精神を踏まえたものでなくてはならないということだ。外国人／移民をもっぱら日本固有の社会問題の犠牲者として捉え、その主体性を十分に読み込んでこなかったこれまでの見方をこれから変えていく必要があることを本書は示している。

## 新たなトレンドしてのアジア、そして日本

最後に本書では国際移民における今後のイシューについて述べている。そこでは、いくつかのテーマが掲げられているが、とりわけ日本にとって重要なのは、アジアからの国際移住、一時的な移住、非正規移民の規制から管理へ、および気候変動についてである。

本書は、アジアからの移住については、これまでもアジアから欧米の先進国、および中東の産油国への国際移住が多かったものの、今後はアジア域内の国際移住がさらに活発になるであろうことを予測している。その背景にはアジア地域の堅調な経済成長があり、そこには日本のほか、急速な経済成長を遂げた中国の動向についても言及されている。

13 注12に同じ。
14 日本における排外主義については、田辺俊介編著『日本人は右傾化したのか――データ分析で実像を読み解く』（勁草書房、二〇一九年）、樋口直人『日本型排外主義――在特会・外国人参政権・東アジア地政学』（名古屋大学出版会、二〇一四年）に詳しい。
15 是川夕編著『人口問題と移民――日本の人口・階層構造はどう変わるのか』（明石書店、二〇一九年）。

またアジア地域の国際移住の特徴として、その多様性を挙げている。具体的にはアジア地域の移住労働の多くが、家事労働、娯楽、接客、縫製、電子機器の組み立てラインといった軽作業を中心としたものであり、女性移民が活躍する余地が大きいことや、先進国を目指す留学生などスキルレベルの高い人材も多く含まれるとする。

さらに重要なのは、アジア地域の国際移住においては一時的な移住が主流であるということだ。これはアジア地域にとどまらず世界的に見てこの種の移民政策が再び、勢いを増しつつあることと相まって、重要な指摘といえよう。

本書によれば、一時的移民はその権利保護の観点から問題も多いものの、送り出し国、受け入れ国、そして移民自身にとって大きなメリットがあるとされる。本書でも指摘されているように、日本においてもアジアの例外に漏れず、技能実習制度や特定技能などの（永住に必ずしも結びつかない）一時的移民の受け入れが行われてきたが、こうした動きはむしろ今後グローバルスタンダードになっていく可能性があるというのはきわめて重要な指摘である。[16]

最後に気候変動については、日本を含めどの国も無関係ではいられないという意味で重要な変化である。ＯＥＣＤのレポートにおいても、ＤＸ（デジタル化）などの技術革新と並んで気候変動は今後の国際移住の規模や方向を決める重要な要素であるとされている。

## 二〇一七年以降の出来事を踏まえて

最後に、本書の原著第二版が刊行されたのは二〇一六年であり、それから現在（二〇二一年四月）までの間に起きたことの本書の内容への影響について記しておきたい。

国際移民に関してこの間に起きた最も大きな出来事といえば、アメリカのトランプ政権の誕生（二〇一七年一月）であったといえよう。本書においてもその兆候となる現象について反移民的な過激主義の増大として言及されているが（第7章一一七頁）、それが現実のものとなったといえる。それがきっかけとなり世界の各地で反移民的な動きが活発化し、われわれは今もなお、その影響下にある。

さらに二〇一九年末に中国で感染が確認された新型コロナウィルスのその後の急速な世界的な感染拡大（パンデミック）に伴って、二〇一九年まで堅調に拡大を続けていた国際的な人の流れは急速に縮小したことを挙げることができるだろう。日本においてもその影響は甚大であり、二〇〇〇年代以降ほぼ毎年、過去のピーク値を更新して増加し続けていた外国人の流入が一時はほぼゼロ近傍にまで減少した。

このような大きな出来事に対しても、本書で書かれていることは依然として有効である。

16　ＯＥＣＤが刊行する『国際移民アウトルック２０１９』では過去十数年では初めて一時的移民に関する特別章を設けた。このことは、技能実習を始めとした一時的移民の重要性が再度、意識されつつあることを示すものといえよう。

反移民的な過激主義の増大については、すでに述べたように本書でも中心的な論点の一つとして挙げられているものであるが、それは現在、新型コロナウィルスの世界的なパンデミックの中でむしろ悪化しているといえよう。これはウィルスの脅威がそのまま移民受け入れのリスクと重なる形で、排外主義的な意識の強化につながっているという、たとえば本書第5章（七一頁）で示されたメカニズムそのものといえる。

また、現下の国際的な人の移動の中断は、趨勢的な国際移民の増加という本書の前提が崩れたことを意味するようにも見えるが、むしろそれは逆であろう。なぜなら今般の出来事によって世界中のほぼすべての国の人々が直面したのは、グローバルな人の移動なくして私たちの社会や生活は一日として成り立たないという事実であったからだ。

先進国では農業や交通、輸送といった社会システムの維持に必要不可欠な部門の多くで移民労働者が重要な役割を担っていることが浮き彫りになった。また、今回のパンデミックの中で多くの医療従事者が重要な役割を果たすなか、先進国では医師の二四パーセント、看護師の一六パーセントが移民であることが明らかになっている。[17]

日本もその例外ではない。技能実習生の入国の中断は農林水産業や製造業の現場での働き手の不足を意味し、外国人の入国の再開にあたって最も優先的に受け入れられたのが彼女／彼らであったことは、国際的に見られた対応と一致するものであった。

さらに現在、移民の送り出し国、受け入れ国のいずれもが国際的な人の移動の再開に向けて、真剣に議論を重ねていることは、本書で示された国際移民の基調が依然として失われていないだけではなく、むしろ強まっていることさえ意味しているといえよう。日本でも一回目の緊急事態宣言解除直後の二〇二〇年六月にはいち早く国際的な人の往来の再開に向けた議論が始まったことは、こうした認識を日本も共有していることを意味する。

このように本書で示された論点は国際移住の新たな展開を見据えていくうえでも有効といえる。

## 最後に

本書は短いながらも、移民について考える上で国際移民に関するこれまでのグローバルな議論のエッセンスを凝集した名著であるということができるだろう。また、ここまで見てきたように日本の現状や今後の展開を展望していく上でも重要な指針となるものである。とくに、これまで日本では規範的、倫理的な観点から移民の問題が語られがちであったため、実証的な観点からこの問題に関わる幅広い議論を要約した本書の価値は非常に大きい。

今後、本書が広く手に取られ、読まれることを期待したい。

是川　夕

17　OECD, *International Migration Outlook 2020*, OECD Publishing, Paris, 2020, https://doi.org/10.1787/ec98f531-en. による。

# 事項索引

## ア　行

## カ　行



## サ　行

## タ　行

## ナ　行



## ハ　行



## マ　行



## ヤ　行

## ラ　行



## ワ　行



## アルファベット

# 人名索引

## ア　行



## カ　行



## サ　行



## タ　行



## ハ　行



## マ　行



## ラ　行

## ●著者紹介

**カリド・コーザー**（Khalid Koser）

マーストリヒト大学教授およびグローバル・コミュニティ・エンゲージメント・アンド・レジリエンス基金（GCERF）執行理事。ユニバーシティ・カレッジ・ロンドンで博士号（Ph.D.）を取得し、アメリカのブルッキングス研究所やオーストラリアのローウィー研究所のシニアフェロー、イギリス王立国際問題研究所やジュネーブ国際開発高等研究所のリサーチアソシエートなども歴任。ダボス会議の国際移民に関するセッションの議長も務めてきた。著書は本書のほかに *A Long Way to Go: Irregular Migration Patterns, Processes, Drivers and Decision-making*（ANU Press, 共編著）がある。

## ●監訳者紹介

**是川 夕**（これかわ ゆう）

国立社会保障・人口問題研究所国際関係部部長。東京大学大学院人文社会系研究科博士課程修了、博士（社会学）を取得。OECD移民政策会合ビューローメンバーなどを務めたほか、現在はOECD移民政策専門家会合（SOPEMI）政府代表も務める。専門は移民研究、社会人口学。著著に『移民受け入れと社会的統合のリアリティ――現代日本における移民の階層的地位と社会学的課題』（勁草書房）、『人口問題と移民』（明石書店、編著）などがある。

## ●訳者紹介

**平井 和也**（ひらい かずや）

実務翻訳者。青山学院大学文学部英米文学科卒業。サイマル・アカデミー翻訳者養成コースで産業翻訳日英コース（行政）を専攻。国際政治や歴史を主な関心領域とし、人文科学・社会科学系を中心に学術文書やビジネス関連文書、政府系文書などの翻訳を多数手掛ける。公刊された訳書としてロバート・マクマン著『冷戦史』（勁草書房）がある。

# 移民をどう考えるか
## グローバルに学ぶ入門書

2021年6月20日　第1版第1刷発行

著　者　カリド・コーザー
監訳者　是《これ》　川《かわ》　夕《ゆう》
訳　者　平《ひら》　井《い》　和《かず》　也《や》
発行者　井　村　寿　人

発行所　株式会社　勁《けい》　草《そう》　書　房
112-0005　東京都文京区水道2-1-1　振替　00150-2-175253
（編集）電話　03-3815-5277／FAX　03-3814-6968
（営業）電話　03-3814-6861／FAX　03-3814-6854
平文社・松岳社



ISBN978-4-326-65429-1　　Printed in Japan



https://www.keisoshobo.co.jp

是川　夕　移民受け入れと社会的統合のリアリティ　現代日本における移民の階層的地位と社会学的課題　A5判　六六〇〇円

佐久間孝正　多国籍化する日本の学校　教育グローバル化の衝撃　四六判　三〇八〇円

清水睦美　ニューカマーの子どもたち　学校と家族の間（はざま）の日常世界　A5判　四九五〇円

佐久間孝正　移民大国イギリスの実験　学校と地域にみる多文化の現実　四六判　三三〇〇円

三浦綾希子　ニューカマーの子どもと移民コミュニティ　第二世代のエスニックアイデンティティ　A5判　四四〇〇円

松尾知明編著　多文化教育をデザインする　移民時代のモデル構築　A5判　三七四〇円

中野裕二ほか編著　排外主義を問いなおす　フランスにおける排除・差別・参加　A5判　四九五〇円

馬渕　仁編著　「多文化共生」は可能か　教育における挑戦　オンデマンド　三六三〇円

＊表示価格は二〇二一年六月現在、消費税込み。